Johannes Baumann/Thomas Götz

Schulleitung!

Der Praxisleitfaden

BELTZ

Johannes Baumann, Jahrgang 1955, zunächst Referendar und Lehrer an verschiedenen oberschwäbischen Gymnasien. Seit 1991 Schulleiter am Gymnasium Wilhelmsdorf. Seit 2002 Publikationen, Vorträge und Fortbildungstätigkeit zu Fragen von Bildung und Schule, Lehrbeauftragter an der Universität Konstanz.

Thomas Götz, Jahrgang 1968, Promotion und Habilitation im Fach Psychologie. Seit 2007 Professor für Empirische Bildungsforschung an der Universität Konstanz und der Pädagogischen Hochschule Thurgau (Schweiz); zudem Adjunct Professor an der McGill University in Montreal (Kanada). Forschungsschwerpunkt: Emotionen im Lern- und Leistungskontext mit einem besonderen Fokus auf Langeweile.

Dieses Buch ist auch als E-Book erhältlich
(ISBN 978-3-407-29440-1).

FSC
www.fsc.org
MIX
Papier aus verantwortungsvollen Quellen
FSC® C089473

Werderstr. 10, 69469 Weinheim
www.beltz.de

Lektorat: Miriam Frank
Satz und Herstellung: Lore Amann
Druck und Bindung: Beltz Bad Langensalza GmbH, Bad Langensalza
Umschlagillustration: Jonathan Bachmann
Reihengestaltung: glas ag, Seeheim-Jugenheim
Umschlaggestaltung: Michael Matl
Printed in Germany

ISBN 978-3-407-25753-6

Inhaltsverzeichnis

Vorwort ... 9

Schulleitung! ... 11
Schulleiterin/Schulleiter werden? ... 11
Neue und vielfältige Aufgaben ... 12
Start im Amt als Schulleiter – auf den Anfang kommt es an ... 13
Sich positionieren ... 14
Berufsleitbild/beurfsethische Selbstverpflichtung ... 15
Persönliche Perspektiven und Anreize ... 16

Einstellungen und Verhalten ... 18
Informiertsein ... 18
Sich gut beraten lassen ... 18
Sich nicht instrumentalisieren lassen ... 19
Kritische Distanz zum schulischen Handeln ... 20
Humor ... 21
Hilfreiche Einstellungen ... 21
Fehlerkultur ... 23

Die Schule führen und entwickeln ... 25
Gestalten und verwalten ... 25
Wichtige Kriterien für die Schulentwicklung ... 26
Die Schulleitung als Akteur der Schul- und Unterrichtsentwicklung ... 28
Unterrichtsentwicklung ... 30
Unterricht erkunden ... 35
Evaluation ... 37
Schul- und Unterrichtsentwicklung wohin? ... 37
Arbeit mit Checklisten und Schulhandbuch ... 41

Partner und Gremien ... 44
Kommune/Schulträger ... 44
Sekretariat ... 45
Eltern ... 45
Stellvertretender Schulleiter ... 46
Das Schulleitungsteam ... 47

Arbeit mit Lenkungsgruppen ... 48
Fachschaften ... 49
Umgang mit dem Personalrat ... 49
Die Gesamtlehrerkonferenz ... 50
Die Schülermitverantwortung (SMV) ... 53

Mitarbeiter und Personalführung ... 55
Die Kolleginnen und Kollegen wahrnehmen ... 55
Gespräche führen ... 55
Das Mitarbeitergespräch ... 57
Unterrichtsbesuche, Beurteilung und Beratung ... 59
Das Beurteilungsgespräch ... 62
Personalauswahl ... 63

Besondere Aufgaben ... 67
Die Lehrauftragsverteilung ... 67
Eigener Unterricht ... 69
Die Repräsentation der Schule ... 69
Homepage ... 70
Ästhetische Gestaltung der Schule ... 71
Kleiderordnung? ... 71
Feiern ... 72
Verabschiedungen ... 72
Fundraising ... 73

Strategien ... 75
Ethik und Moral im Schulalltag ... 75
Größere Projekte erfolgreich managen ... 75
Sitzungen – Strategien durchschauen und anwenden ... 77
Vorbereitet sein, wenn man den vertrauten Kontext verlässt ... 79

Die Gestaltung des Tages ... 81
Start in den Tag ... 81
Der Vormittag ... 81
Kleine Pausen ... 82
Abends und/oder am Wochenende arbeiten? ... 82
Feierabend ... 82
Schreibtisch ... 83
E-Mails ... 83

Gesund und motiviert bleiben 84
Coaching? 84
Kollegialer Austausch/Intervision 85
Die Dinge nicht persönlich nehmen 85
Das passende Maß an Distanz finden 86
Paranoia ist spannend – aber nicht empfehlenswert 86
Sensibilität für Rollenkonflikte entwickeln 87
Auf die eigene Gesundheit achten, Überforderungen vorbeugen 87

Hintergrund und Rahmenbedingungen 89
Bildungspolitik 89
Vertrautheit mit schulrechtlichen Fragen 90

Spielräume einer Schule sehen und gestalten 91
Spielräume und ihre Grenzen 91
Die Grenzen im Kopf 92
Schule als komplexes System 93
Vielfältige Funktionen, Prozesse und Ziele von Schule und die Spielräume, die sich daraus ergeben 94
Entwicklungslogiken und Möglichkeiten der Profilierung 106
Ein bisschen Allgemeinbildung zu Humboldt 113

Schlüsselstellung Schulleitung 116
Die eigene Entwicklung planen 116
Weiterentwicklung des Berufsbildes – standespolitische Forderungen 116

Hilfreiches und Relevantes aus der Bildungsforschung 119
Was eine gute Schule kennzeichnet 119
Qualitätsentwicklung an Schulen 120
Emotionen in der Schule 121
Burnout bei Lehrkräften 123
Motivation 124
Selbstreguliertes Lernen 126
Unterrichtsqualität 128
Schulnoten 129

Nachwort 134

Literatur 135

Vorwort

Es gibt in Deutschland ca. 48 000 Schulleiterinnen und Schulleiter an öffentlichen und privaten Schulen. Berücksichtigt man bei dieser Aufzählung auch die Stellvertretungen und dass große Schulen Leitungsteams haben, so kommt man auf ca. 105 000 Personen an deutschen Schulen, die sich intensiv mit Schulleitung beschäftigen. Sie üben weitgehend nicht den Beruf aus, für den sie ursprünglich ausgebildet wurden – nämlich den der Lehrerin bzw. des Lehrers.

Die Weiterqualifikation zu Schulleiterinnen bzw. zu Schulleitern ist sowohl quantitativ als auch qualitativ in den meisten Bundesländern als unzureichend zu bezeichnen, was dazu führt, dass gerade in der Anfangsphase der Schulleitung viele Fehler gemacht werden, die häufig schwer wieder zu korrigieren sind, nachdem sich bereits Strukturen und Einstellungen etabliert haben. Dieses kleine, sehr praxisorientierte Buch möchte einen Beitrag zur Professionalisierung von Schulleiterinnen bzw. Schulleitern leisten. Es ist aus der Praxis heraus für die Praxis geschrieben, mit wenig Zeitaufwand zu lesen und konzentriert sich auf wenige, aber wohl zentrale Dinge. Hierzu bündelt es die Erfahrungen und die Expertise eines Schulleiters und eines empirischen Bildungsforschers – wir arbeiten bereits seit mehreren Jahren eng bei Schulentwicklungs- und Forschungsprojekten sowie im Rahmen universitärer Lehrveranstaltungen zusammen. **Dieses Buch soll Schulleiterinnen und Schulleitern Möglichkeiten der Reflexion und Optimierung des eigenen Handelns eröffnen. Personen, die eventuell eine Schulleitung anstreben oder im Leitungsteam einer Schule mitwirken möchten, erwerben mit der Lektüre Wissen dazu, welche spannenden und herausfordernden Tätigkeiten sie erwarten (würden).** Viel Freude und Inspiration beim Lesen.

Wilhelmsdorf/Konstanz, Januar 2016 *Johannes Baumann* und *Thomas Götz*

Schulleitung!

Schulleiterin/Schulleiter werden?

Ohne Zweifel, Schulleitung[1] kann ein schöner Beruf sein.

- Durch gute Schulleitung kann man einen großen und wichtigen gesellschaftlichen Beitrag leisten.
- Man hat einen Beruf, der sich im Prestige von dem des Lehrers abhebt.
- Man ist Vorgesetzter und hat als solcher mehr Gestaltungs- und Einflussmöglichkeiten, also etwas mehr Macht.
- Man übt einen vielseitigen, abwechslungsreichen Beruf aus.
- Man kann aus dem hohen Maß an Verantwortung ein sehr positives Selbstwertgefühl, Selbstwirksamkeitsempfinden und viel Sinn ableiten.
- Man ist von der hohen Unterrichtsverpflichtung eines Lehrers entbunden.
- Man verdient etwas mehr.
- Durch vielfältige neue Kontakte und Bezugsfelder erweitern sich der persönliche Horizont und die Sicht auf Bildung und Schule.
- Schulleitung ist ein Beruf, der Personen verändert, im Idealfall positiv wachsen lässt – eine spät beginnende, selten endende Lernphase.

Allerdings ist man gut beraten, sich im Vorfeld ein möglichst treffendes Bild von diesem Beruf zu machen. Einige Leitungsseminare reichen hier bei Weitem nicht, zu vielfältig und zu vielschichtig sind die Anforderungen in diesem Beruf. Ein guter Stundenplanmacher zu sein oder Projektmanagement zu beherrschen sind gute, hilfreiche, aber nicht unbedingt notwendige und vor allem bei Weitem nicht hinreichende Voraussetzungen für Schulleitung.

Wichtig ist, die unglaubliche Vielfalt dieses Berufsbildes zu kennen. Die in bestimmten Phasen mitunter beinahe erdrückend erlebte Dichte der Anforderungen, die psychische Belastung durch unweigerlich auftretende unterschiedlichste Konfliktsituationen. Das wirft die Frage nach der eigenen Stressresistenz und Belastbarkeit auf. Niemand – am wenigsten einem selbst – ist gedient, wenn man im neuen Beruf des

1 Eine gendergerechte Sprache konsequent durchzuhalten, würde erheblich auf Kosten der Lesbarkeit gehen. Selbstverständlich ist mit »Schulleiter« immer auch »Schulleiterin« gemeint. Manchmal schreiben wir einfach auch »Schulleitung«. In der Regel ist dann das gesamte Schulleitungsteam gemeint. Ähnliches gilt für die Begriffe »Lehrer«/»Lehrerin«, die wir manchmal durch »Lehrkraft« ersetzt haben.

Schulleiters nach kurzer Zeit überfordert ist oder sich dauerhaft an seiner Belastungsgrenze erlebt.

Sehr nüchtern sollte man sich im Vorfeld der Entscheidung für diesen Beruf auch das eigene visionäre Potenzial anschauen. **Gute Schulleiter sind mehr als gute Schulverwalter.** Entscheidet man sich nach reiflicher Selbstprüfung – hilfreich ist auch der Rat guter Freunde – für den Beruf des Schulleiters, hat man eine großartige, ausfüllende Aufgabe übernommen. Sicher kann man dabei nicht alle Risiken ausschließen, Schulleitung ohne ein erhebliches Maß an Risikobereitschaft geht nicht!

Neue und vielfältige Aufgaben

Schulleiter rekrutieren sich in Deutschland aus der Lehrerschaft. Doch **der Schritt vom Lehrer zum Schulleiter ist ein kompletter Berufswechsel.** Die vertraute Unterrichtstätigkeit wird – je nach Schulgröße – zum Teil drastisch reduziert. Eine Fülle von neuen Aufgaben kommt hinzu. Je nach persönlicher Vorgeschichte kann man in einzelnen Tätigkeitsfeldern bereits als Lehrer, als Abteilungsleiter oder als stellvertretender Schulleiter Erfahrungen sammeln, einer bringt mehr, ein anderer weniger mit. In der Regel kommt hinzu, dass man die Schulleitung an einer anderen Schule übernimmt; dafür ist es wichtig, die dort vorfindlichen Strukturen und Aufgabenverteilungen und technischen Instrumente (z.B. eingesetzte Software in Verwaltung und Unterricht) kennenzulernen. Es ist nicht notwendig (und schon gar nicht erstrebenswert) alles selbst oder selbst am besten zu können. Aber man sollte in alle – letztlich ja doch von der Schulleitung zu verantwortenden – Aufgabenfelder der Schule einen vertieften Einblick haben. Besondere Sorgfalt sollte also in den ersten Dienstjahren den Aufgabenfeldern gehören, mit denen man sich bislang weniger beschäftigt hat. Das kann der Stundenplan, der Vertretungsplan, das Qualitätsmanagement, die Fortbildungsorganisation, der Datenschutz, der Arbeits- und Gesundheitsschutz, das Austauschprogramm oder der Haushalt sein. Es empfiehlt sich also, über ein, zwei Jahre diese Bereiche im Dialog mit den Verantwortlichen in der Schule intensiv zu begleiten. Insbesondere die Erstellung des Stundenplans – anschließend an die Lehrauftragsverteilung – ist (je nach Schulgröße) ein komplexes Aufgabenfeld, wie das folgende Beispiel zeigt.

> Ohne eigene Vorerfahrung ist man dem möglicherweise langjährigen Stundenplanmacher gegenüber, wenn es darum geht, Veränderungen durchzusetzen, machtlos. Meist sind Veränderungen tatsächlich möglich, verlangen aber oft ein Umdenken, ein Neusetzen der Prioritäten bei den Stundenplanmachern. Es ist also ratsam, sich in der kritischen Phase (meist gegen Ende des Schuljahres oder in den Sommerferien) mit dem Stundenplanmacher zusammenzusetzen, sich alle Schritte erklären zu lassen, Alternativen zu prüfen und alle zu treffenden Entscheidungen/Weichenstellungen gemeinsam zu vollziehen. Das kann eine frühzeitige gemeinsame Absprache bezüglich der Urlaubsplanung notwendig machen!

Auf die gleiche Weise sollte man die kritischen Phasen für andere Aufgaben frühzeitig identifizieren (z. B. Wann wird der Haushalt erstellt? Wann beginnen die Vorbereitungen für die Statistik?) und sich entsprechend einschalten. Ein solches Vorgehen kann unnötiges Lehrgeld (»Das nächste Jahr mache ich das aber anders!«) ersparen.

Start im Amt als Schulleiter – auf den Anfang kommt es an

Sich mit den *Kollegen bekannt zu machen* ist eine erste, wichtige und zu Beginn zeitaufwändige Aufgabe, wenn man neu an einer Schule ist. Es ist von großer Bedeutung, jedem Kollegen die Gelegenheit zu geben, sich selbst vorzustellen und zu erklären, bevor man vom Stellvertreter oder im Schulleitungsteam die Kollegen charakterisiert/typisiert bekommt. Für manche Kollegen kann ein neuer Schulleiter die Gelegenheit sein, aus alten Festlegungen herauszukommen und noch einmal ein neues Kapitel aufzuschlagen. Möglicherweise kamen einzelne Kollegen auch mit dem Vorgänger nicht zurecht. Insofern bedeutet eine neue Schulleitung auch hier eine neue Chance.

Als Schulleiter (SL) neu an der Schule – Fragen für ein erstes Gespräch mit den Kolleginnen und Kollegen

- »Seit wann sind Sie hier an der Schule tätig?«
- »Haben Sie Erfahrungen an anderen Schulen gemacht?«
- »Wie nehmen Sie die Schule wahr?«
- »Was waren die Schwerpunkte Ihrer Tätigkeit, wo haben Sie sich in besonderer Weise eingebracht?«
- »Haben Sie Änderungsvorschläge? Welche Entwicklung sollte die Schule aus Ihrer Sicht nehmen? Vor welchen Herausforderungen sehen Sie die Schule stehen?«
- »Welche Erwartungen haben Sie an die Schulleitung?«

Auch *die Strukturen* der neuen Schule gilt es gründlich kennenzulernen. Meist sind sie über Jahre hinweg gewachsen. Manches mag suboptimal und veraltet erscheinen. Besser als alles umkrempeln zu wollen, sind behutsame Veränderungen dort, wo es die größte Effizienz/Arbeitserleichterung verspricht. Das schafft Akzeptanz für weitere Veränderungen. Grundsätzlich sollte mit dem Vorgefundenen – es ist das, was den Kollegen über Jahre vertraut ist und in dessen Entwicklung meist Kolleginnen und Kollegen involviert waren – mit Respekt umgegangen werden.

Der Schulträger ist ein wichtiger Partner der Schule. Von ihm kommen die Finanzen, die der Schule für die eigene Gestaltung zur Verfügung stehen. Es ist also wichtig, als Neuling im Amt sich mit allen Ansprechpartnern (Bürgermeister, Rechnungsleiter, Baubürgermeister etc.) bekannt zu machen und sich die Abläufe aus Sicht der Kommune und auch deren Erwartungen erklären zu lassen. Es zahlt sich aus, nach einer angemessenen Zeit – vor allem in kleineren Kommunen – sich dem Stadt- oder Gemeinderat mit seinen Ideen für die Schule und ihre weitere Entwicklung vorzustellen.

Zum guten Stil gehört es auch, sich als neuer Schulleiter mit den *Kollegen der benachbarten Schulen* bekannt zu machen. Es gibt immer wieder gemeinsame Interessen. Zu manchen Schulen bestehen besondere Kontakte (z.B. Grundschulen, von denen man Schüler bezieht; weiterführende Schulen in der gleichen Region – hier kann es darum gehen, die Profile voneinander abzugrenzen). Unnötiges und antiquiertes Rivalitätsdenken sollte abgebaut werden und ein respektvolles Miteinander das Normale sein.

Auch der ersten Sitzung des *Elternbeirats* – in der Regel ist ein vorbereitendes Gespräch mit den Vorsitzenden des Elternbeirats bereits vorausgegangen – kommt besondere Bedeutung zu: Mit Spannung wird die/der Neue erwartet. Was für ein Typ ist sie/er? Erfüllt sie/er die Hoffnungen und Erwartungen der Elternschaft? Etc.

Die (ersten) zu leitenden Gremien (Gesamtlehrerkonferenz, Schulkonferenz) verlangen außerdem viel Sorgfalt. Welchen Stil bringt die neue Schulleitung mit? Wie aufgeschlossen ist sie/er? Wie ist ihr/sein Durchsetzungsvermögen?

Darüber hinaus ist es wichtig, sich *allen weiteren Partnern der Schule* – wo immer möglich persönlich, notfalls mit einem Brief oder telefonisch – bekannt zu machen. Das können kooperierende Firmen, soziale Einrichtungen, das zuständige Jugendamt, Musikschulen oder Austauschschulen im Ausland sein. Sich seitens der Schulleitung vorzustellen und Kontakt aufzunehmen ist auch dann wichtig, wenn diese Kooperationen von Kolleginnen und Kollegen wahrgenommen werden und gut laufen. In der Regel fühlen sich auch die beteiligten Kolleginnen und Kollegen dadurch in ihrer Arbeit aufgewertet.

Sich positionieren

»Wie man sich bettet, so liegt man.« Anfangspositionierungen sind wichtig. Sehr schnell wird einem eine bestimmte Rolle bzw. Einstellung zugeschrieben, und man sollte gerade am Anfang sehr bewusst eine Position einnehmen, hinter der man steht. Attribute, die einem schnell zugeschrieben werden, sind zum Beispiel: die/der Kreative, Kritische, Unkritische, Immer-ja-Sagende, Immer-nein-Sagende, Einzelkämpferin/ Einzelkämpfer, Schnell-auf-Mails-Antwortende, Höfliche, Förmliche, …

Gut wäre es, für eine gewisse Zeit (z.B. ein Jahr) einen Mentor zu haben, der einen in der Anfangsphase unterstützt – im Idealfall eine Schulleiterkollegin oder einen Kollegen von einer anderen Schule (möglichst nicht eine Nachbarschule, mit der man in irgendeiner Form von Konkurrenz steht). Und später kann man sich dann ja selbst mal als Mentor zur Verfügung stellen. Der Start an einer Schule ist eine große Herausforderung. Man kann in der Anfangsphase viele Fehler machen; sich gerade am Anfang beraten zu lassen (eben idealerweise durch einen Mentor) ist von unschätzbarem Wert.

Berufsleitbild/berufsethische Selbstverpflichtung

Lehrer und insbesondere Schulleitungen sind in der Regel verbeamtet. Damit sind sie dem Grundgesetz, den jeweiligen Landesverfassungen, beamtenrechtlichen und schulgesetzlichen Vorgaben und den darin formulierten Leitvorstellungen verpflichtet. Ein eigenes Berufsethos eines entsprechenden Berufsverbandes gibt es nicht. Dennoch macht eine berufsethische Selbstverpflichtung nach innen und außen – man kann sie auf die Homepage stellen – Sinn. Hier ein Vorschlag (in Anlehnung an Baumann 2012):

Als Schulleitungsmitglied verpflichte ich mich

(1) in der Ausübung meines Amtes stets und in erster Linie das Wohl der Schülerinnen und Schüler im Auge zu haben und die Schule so zu führen, ihre Gestaltung anzuregen und an ihrer Entwicklung nach Kräften mitzuwirken, dass sie der ganzheitlichen und demokratischen Bildung der Schülerinnen und Schüler förderlich ist und lebendiges, effektives und nachhaltiges Lernen auf hohem Niveau möglich macht.

(2) gegenüber den Kolleginnen und Kollegen und allen anderen Mitarbeiterinnen und Mitarbeitern Führung entschlossen, transparent, verlässlich und gerecht wahrzunehmen, die Fähigkeiten der Kolleginnen und Kollegen zu schätzen, deren Weiterentwicklung zu fördern und ihr berufliches Umfeld so zu gestalten, dass sie sich engagiert einbringen können.

(3) persönlich in meinen Zielen transparent und klar zu sein, sie beharrlich und geduldig zu verfolgen und gleichwohl den ständigen Dialog sowohl mit den Schülerinnen und Schülern, den Eltern und insbesondere den Kolleginnen und Kollegen zu suchen und bereit zu sein, stets dazuzulernen, um des kleinen Fortschritts willen aber auch Kompromisse einzugehen und pragmatisch zu handeln.

(4) für eine anspruchsvolle Pädagogik und entsprechende Entwicklungen einzustehen und dabei aufmerksam die gesellschaftlichen Veränderungen und das regionale Umfeld der Schule im Auge zu haben, um so umsichtig und vorausschauend zu handeln.

(5) den Eltern als wichtigen Erziehungspartnern auf Augenhöhe zu begegnen, sie zur Mitverantwortung an der Schule freundlich einzuladen und entsprechende Angebote zu machen und die dafür notwendigen Strukturen zu schaffen.

(6) den Schulträgern ein seriöser, aber selbstbewusster und eigenständiger Partner zu sein und gegebenenfalls hart im Interesse der Schule, ihrer Schülerinnen und Schüler, ihrer Lehrerinnen und Lehrer zu verhandeln.

(7) in Kenntnis aller Vorgaben und Rahmenbedingungen die Schule selbstbewusst und mutig zu führen und dabei auch Neues zu wagen.

(8) den kollegialen Austausch in Netzwerken zu suchen und die eigene Arbeit – gegebenenfalls auch unter Inanspruchnahme von Supervision und Coaching – regelmäßig zu reflektieren.

(9) mir ein solides Professionswissen aufzubauen und mich kontinuierlich fortzubilden und so selbst lebenslanges Lernen zu praktizieren und vorzuleben.

(10) mich stets zu bemühen, eine positive Grundstimmung auszustrahlen und Hoffnung für die Zukunft, die den Schülerinnen und Schülern gehört, im täglichen Handeln zu begründen.

Persönliche Perspektiven und Anreize

In den meisten Fällen ist die Übernahme der Verantwortung für die Leitung einer Schule karrieremäßig eine Endstation. Man hat das höchste schulische Beförderungsamt erreicht. Das ist in der Regel auch kein Problem. Dennoch gilt es durchaus frühzeitig, einige Punkte zu reflektieren, geht es doch auch um die Frage der dauerhaften Aufrechterhaltung der eigenen Motivation. Auch wenn man auf der schulischen Karriereleiter ganz oben angelangt ist, weitere Anreize also fehlen, sollte es in der persönlichen Entwicklung (die eng mit der Entwicklung der Schule verknüpft sein kann) nicht zu einem Stillstand kommen. Das gilt unabhängig von der Frage, in welchem Alter man Schulleiter wurde, aber umso dringlicher, wenn man in relativ jungen Jahren das Amt übernommen hat. Eine ca. 20-jährige vor einem liegende Dienstzeit als Schulleiter an einer Schule ist eine vergleichsweise lange Zeit im Chefsessel (das ist ansonsten eher in familiengeführten Unternehmen üblich). **Einmal Schulleiter, immer Schulleiter – was gibt es für Perspektiven?**

Gelegentlich gibt es Schulleiter, die nach einigen Jahren der Leitung einer Schule die Leitung einer anderen Schule übernehmen. Das kann unterschiedliche, durchaus sinnvolle Gründe haben (z. B. mit den an einer Schule gemachten Erfahrungen an einer anderen Schule noch einmal neu starten). Auch die Bereitschaft, Verantwortung für eine größere Schule zu übernehmen, kann noch einmal eine echte Herausforderung sein. Einige wenige Schulleiter wechseln in die Schulaufsicht oder ins Ministerium. Nur wenige lassen den Schuldienst hinter sich und übernehmen Führungsverantwortung in der freien Wirtschaft (dann meist im beratenden Bereich).

Doch es gibt auch interessante und sinnvolle Weiterentwicklungen im Amt des Schulleiters. Man kann innerschulisch Schwerpunkte nach eigener Wahl treffen und zum Beispiel der Referendarausbildung oder der Begleitung der Junglehrer – beides wichtige, langfristig wirksame Aufgaben, deren Bedeutung unter Umständen weit über die eigene Schule und aktive Zeit hinausgeht – sehr viel Sorgfalt widmen. Einen Schritt weitergehen hieße zum Beispiel an einem Ausbildungsseminar einen Lehrauftrag zu übernehmen. Unter Umständen ist auch die Übernahme eines Lehrauftrags an einer Universität im Bereich der Lehrerbildung möglich. Beides setzt natürlich nicht nur viel Berufserfahrung voraus, sondern auch, sich im Bereich Pädagogik/Didaktik/Schulrecht über das eigene Erfahrungswissen hinaus gut eingelesen zu haben. Ähnliches gilt auch für den Bereich der Lehrerbildung oder der Weiterbildung von Schulleitern. In jedem Bundesland gibt es entsprechende Fortbildungsagenturen (Akademien). Freilich muss man in irgendeiner Weise (durch gewisse Spezialisierungen und eventuell Publikationen von entsprechenden Beiträgen in Fachzeitschriften) auf sich aufmerksam gemacht haben (strebt man diesbezügliche Weiterentwicklungen an, ist man gut beraten, sich frühzeitig ein entsprechendes Profil aufzubauen). Ist man mit der eigenen Schule überdurchschnittlich erfolgreich, gelingen bemerkenswerte Innovationen und Schulentwicklungsschritte, gewinnt man gar einen Bildungspreis, kann man auch als Referent an andere Schulen eingeladen werden. Das kann durchaus ein wichtiger persönlicher Anreiz sein, wenn nach Jahren sich in der Schulleitungstätigkeit erste Routinen eingestellt haben. Solcherart Kontakte zu anderen Schulen sind persönlich und für die Arbeit an der eigenen Schule bereichernd. Natürlich stellen sie eine erhebliche zeitliche Belastung dar. Hier ist sorgfältig zu bedenken, wie viel Abwesenheit des Schulleiters die eigene Schule verkraftet. Eine andere Weiterentwicklungsmöglichkeit als Schulleiter besteht darin, sich mit seinen Erfahrungen über die eigene Schule hinaus eher bildungspolitisch einzubringen, das kann über entsprechendes Engagement in Lehrerverbänden oder Direktorenvereinigungen geschehen. Auch hier gilt: Hat man sich profiliert, kann man vielleicht auch damit rechnen, in Kommissionen und Arbeitsgruppen des Ministeriums berufen zu werden. Bei all diesen Aktivitäten handelt es sich um zusätzliches, weitgehend ehrenamtliches Engagement. Es gibt keine Erwartung, keinen Druck, sich so einzubringen. Oft erlauben auch die Herausforderungen an der eigenen Schule solche Schritte kaum. Es ist wichtig, die eigene Schule und ihre Weiterentwicklung als die eine und große und stets neue Herausforderung zu sehen, auch im Hinblick auf das persönliche Wachsen. Und da Schulleitung ohnehin ein Beruf ist, in dem man meist mehrere Eisen im Feuer hat, ist es wichtig, sich auch abgrenzen zu können und darauf zu achten, sich nicht zu verzetteln.

Einstellungen und Verhalten

Informiertsein

Von Schulleitern wird – nicht zu Unrecht – in mancherlei Hinsicht ein gewisser Expertenstatus erwartet, mindestens ein guter Informationsstand. Erwartet wird diese Kompetenz seitens der Elternschaft, von den Schülerinnen und Schülern, aber sie ist auch im Hinblick auf die Lehrkräfte von Vorteil. Schulleiter sollten in den laufenden bildungspolitischen Diskursen – über die unmittelbaren Belange der eigenen Schule und Schulart hinaus – aktuell informiert sein. Ebenso ist es wichtig, dass sie sich im Bereich der Bildungswissenschaften und der Schul- und Unterrichtsentwicklung gut auskennen, tangieren diese Bereiche doch das Kerngeschäft von Schulleitung. Sich informieren kann auf unterschiedliche Weise erfolgen. Es gehört zum Standard, eine gut ausgewählte Loseblattsammlung (für Schulleitungen) und pädagogische Fachzeitschriften regelmäßig durchzusehen. Gewisse Diskussionen erfordern vertiefte Kenntnisse, weshalb auch die gründlichere Lektüre von entsprechenden Fachbüchern geboten ist. Eine gute Gelegenheit, sich zu informieren, ist auch der Besuch von Tagungen und Bildungskongressen. Sie bieten in der Regel auch die Gelegenheit der Kontaktaufnahme und des Austauschs. Ebenso sollten Angebote der Universitäten, Pädagogischen Hochschulen und der Seminare (Informiertsein bezüglich wissenschaftlicher Erkenntnisse und aktueller Entwicklungen in der Lehrerbildung) in der Region immer wieder wahrgenommen werden. Sinnvoll ist es auch, andere Schulen zu besuchen oder gar entsprechenden Netzwerken (z.B. »Blick über den Zaun«; »Bildungsregionen«) beizutreten und dort mitzuarbeiten.

Sich gut beraten lassen

Es gibt Kompetenzfelder oder Tätigkeitsbereiche in der Schule, in denen man weit davon entfernt ist, Spezialist zu sein, und in denen man auch nicht den Ehrgeiz haben muss, einer zu werden. In besonderer Weise – die Thematik ist insbesondere für größere Schulen von nicht unerheblicher Bedeutung und vor allem auch mit großen finanziellen Kosten einhergehend – ist hier von den schulischen Netzen (Verwaltungsnetz und pädagogisches Netz) und ihrer Betreuung zu sprechen. Freilich trägt man auch hier als Schulleiter die Verantwortung. Das erfordert eine gute – und möglichst unabhängige – Beratung. Größere Schulen verfügen über eigene Netzwerkbetreuer, meist ist es ein Kollege, der sich seine unter Umständen erstaunliche Kompetenz nicht selten autodidaktisch angeeignet hat. Selten kann eine Schule die entsprechenden Kollegen mit den notwendigen Anrechnungsstunden ausstatten. Andere Schulen haben sich an kommunale Netze angeschlossen. Um hier möglichst – auch was den finanziellen Aufwand und die Professionalität anbelangt – auf der sicheren Seite zu sein, ist neutrale Beratung wichtig. Auch schon der Kontakt und Austausch mit anderen Schulen kann interessante Hinweise liefern, denn nicht immer ist die an der eigenen Schule geübte Praxis die beste, es ist vielleicht die, mit der der im Augenblick betraute Kollege aus Gewohnheit arbeitet.

Sich nicht instrumentalisieren lassen

Als Schulleiter gilt es, seine Unabhängigkeit zu wahren. Gleichzeitig wird man regelmäßig mit Erwartungen und Vereinnahmungsversuchen seitens der Kolleginnen und Kollegen oder auch seitens der Eltern oder Schüler konfrontiert. Immer wieder kommt es zum Beispiel vor, dass Kolleginnen und Kollegen wie selbstverständlich davon ausgehen, dass der Schulleiter bei Disziplinarfällen sie in ihrem Sinne unterstützt, also zum Beispiel den von Kollegen geforderten Rektoratsarrest verhängt. Im Interesse der Schülerinnen und Schüler, aber auch im Interesse der eigenen Unabhängigkeit sollte es hier keine Automatismen geben. Das bedeutet, dem betroffenen Schüler die Gelegenheit zur Anhörung zu geben (an sich eine Selbstverständlichkeit, die aber häufig im stressigen Schulalltag nicht mit der nötigen Sorgfalt gehandhabt wird). Anhörungen von Schülern in Disziplinarfällen bringen mitunter Erstaunliches zu Tage: Schüler fühlen sich von Lehrern nicht beachtet, eine vorlaute Bemerkung eines Schülers war der (kleine) Tropfen, der das Fass zum Überlaufen brachte und dieser fühlt sich nun im Vergleich zu anderen Schülern zurecht unverhältnismäßig bestraft. Der Lehrer hat nicht das ganze Störungsbild wahrgenommen (also eine Art Verwechslung von Ursache und Wirkung). Der Unterricht sei seitens des Lehrers ermüdend langweilig und chronisch schlecht vorbereitet (was natürlich der Nährboden schlechthin für Disziplinprobleme wäre). In vielen Fällen ist es sinnvoll, Gespräche mit den Konfliktparteien – moderiert durch den Schulleiter – zu führen. Mit etwas Abstand stellt sich häufig (leider nicht immer) eine veränderte, besonnenere Sichtweise ein, von der letztendlich alle profitieren: Die Schüler erleben sich angehört und wertgeschätzt. Die Kolleginnen und Kollegen können ohne Gesichtsverlust Situationen und Vorfälle neu bewerten. Ein solches Vorgehen verändert auch das Klima und Miteinander an der Schule. Da Schulleitung eine typische Sandwichstellung ist, gibt es ähnliche Situationen, in denen man sich einer Vereinnahmungstendenz (es muss nicht einmal wirklich eine solche Absicht sein, die Betroffenen sind meist von ihrer Sicht subjektiv völlig überzeugt und fallen aus allen Wolken, wenn man als Schulleiter zunächst zurückhaltend reagiert) ausgesetzt fühlt. Sandwichstellungen von Schulleitung treten hauptsächlich auf zwischen Lehrkraft und Schülern, zwischen Eltern und Lehrern, zwischen Schulaufsicht und Schule. In all diesen vermittelnden Positionen ist es wichtig, jederzeit seine Unabhängigkeit zu wahren.

Kritische Distanz zum schulischen Handeln

Schulleiter zu sein ist in mehrfacher Hinsicht ein Spagat-Beruf. Wenn auf der einen Seite hohe Identifikation mit dem Beruf, Enthusiasmus und ein professionelles Maß an Loyalität mit der vorgesetzten Bildungsbehörde gefragt sind, so sollte man gleichzeitig das eigene Tun und die Rahmenbedingungen und Widersprüchlichkeiten, unter denen es stattfindet, sehr nüchtern sehen und analysieren können. Hier seien einige dieser potenziellen Widersprüchlichkeiten und Ambivalenzen aufgezeigt:

- den Schülern verpflichtet sein, aber auch die Interessen der Lehrerschaft vertreten
- den Schülern verpflichtet sein, aber auch rechtliche Vorgaben (Belastbarkeit und Überprüfbarkeit von Noten, Nichtversetzung, Erziehungsmaßnahmen) und disziplinarische Maßnahmen umsetzen
- die Schulpflicht durchsetzen und gleichwohl auf die Motivation der Schüler setzen
- für die Eltern offen sein und Erziehungspartnerschaft praktizieren, aber sich auch vor die Lehrer stellen
- den Lehrern und Schülern Vertrauen entgegenbringen, aber auch die nötige Kontrolle aufrechterhalten
- gemeinsame Beschlüsse anstreben, vorbereiten, erzielen, aber auch wo nötig allein und tatkräftig handeln
- für bestimmte Entwicklungen Zeit lassen und Dinge wachsen und reifen lassen, aber auch wo nötig klare Fristen setzen
- möglichst viel Autonomie gewähren und selbstständige Entwicklungen in der Lehrerschaft unterstützen, aber im Bedarfsfall auch klare Grenzen setzen
- zu den Kolleginnen und Kollegen Nähe, aber immer auch die nötige Distanz als Vorgesetzter halten
- Visionen haben, aber im Alltagsgeschäft auch realistisch bleiben
- vorausgehen, aber auch die Ideen der Kollegen tatkräftig unterstützen

Und im Hinblick auf die unterrichtliche Arbeit der Lehrkräfte mit den Schülerinnen und Schülern:

- Bildung, Selbstbildung ermöglichen, Neugier fördern, aber auch möglichst effektive Stoffvermittlung (Ausbildung) gewährleisten
- eine hohe Allgemeinbildung, aber auch Studierfähigkeit anstreben
- vertiefte und spezielle Kenntnisse, aber auch Überblickswissen vermitteln
- die Eigenverantwortlichkeit der Schülerinnen und Schüler fördern, aber auch klare Leistungserwartungen haben
- die Ganzheitlichkeit des Lernens und vielfältige Kompetenzen (von Selbst-, Sozialkompetenzen bis hin zur Demokratiefähigkeit) fördern, aber auch das fachliche Lernen voranbringen
- kognitive Fähigkeiten fördern, aber auch die Sozialisationseffekte der Schule kennen und steuern, Werteerziehung praktizieren
- Schule als Lern-, aber auch als Lebensraum gestalten

Möglicherweise lässt sich diese Liste fortschreiben. Wann welche Haltung bzw. Positionierung gefragt ist, gilt es mit viel Fingerspitzengefühl und vor allem situativ und im Rahmen eines kooperativen Führungsstils zu entscheiden. Auch die Frage »Wo stehen wir?« muss immer wieder neu und mit der nötigen Distanz zum eigenen Tun gestellt werden.

Humor

In allen zwischenmenschlichen Beziehungen sind Humor und die Bereitschaft zum Lachen von unschätzbarem Wert. **Humor kann helfen, schwierige Situationen zu entspannen** und neue Sichtweisen bzw. Perspektivwechsel ohne Gesichtsverlust gewissermaßen auszuprobieren, anzubahnen. Insbesondere die Bereitschaft, auch über sich selbst zu lachen, baut Unnahbarkeit ab und macht sympathisch. Die Bereitschaft mitzulachen, wo gelacht wird, zeigt Lebensfreude, die an jeder Schule gepflegt werden sollte. Allerdings gibt es Grenzen: Tabu sind das Lachen über andere und Formen der Ironie bis hin zum Zynismus.

Hilfreiche Einstellungen

Es gibt Haltungen und Einstellungen, die für Schulleiter von besonderem Wert sind. Wenn man nicht bereits durch sein Naturell über diese Einstellungen verfügt (und niemand verfügt über alle hilfreichen Einstellungen in der gleichen Weise), ist es vorteilhaft, diese Haltungen und Einstellungen in einem reflektierten Prozess sich anzugewöhnen, sie auszuprägen. Das kann mühsam sein, lohnt sich aber.

Neugierig sein

Als Schulleiter kann man auf vieles neugierig sein. Auf die Schülerinnen und Schüler. Natürlich kann – ab einer gewissen Größe – der Schulleiter nicht mehr alle Schülerinnen und Schüler der Schule kennen. Das ist auch nicht nötig und wird von niemandem erwartet. Aber man kommt immer wieder mit einzelnen Schülern oder Gruppen in Kontakt. Sich dann Zeit zu nehmen und Interesse am Gegenüber zu haben, mehr als das aus gegebenem Anlass Notwendige wissen zu wollen, schafft nicht nur Beziehung, sondern fördert sehr oft auch Informationen zu Tage, die überraschend hilfreich sein können. Dasselbe gilt im Hinblick auf Schülergruppen oder Klassen. Und es macht gegenüber den Lehrern und auch in Gesprächen mit Eltern Sinn. Kann man auch seine Neugier auf Sachen und fachliche Inhalte (auch und gerade jenseits der eigenen Fächer) zeigen, schafft das Gesprächsanlässe, wertet die Vertreter der Fächer auf und ist auch gegenüber den Schülerinnen und Schülern ein wichtiges und vorbildliches Signal, von denen man ja auch erwartet, dass sie sich für alles, für das Ganze interessieren sollen. Neugier signalisiert die Bereitschaft, weiterzulernen (impliziert das bescheidene Signal, noch belehrbar zu sein, nicht schon alles zu wissen, aber mehr wissen zu wollen) und ist im schulischen Kontext damit eine unverzichtbare, Authentizität schaffende Grundhaltung des (lebenslangen) Lernens.

Das bessere Argument akzeptieren

Diese Grundhaltung ist – um es gleich vorweg zu sagen – mühsam. Sie bedeutet in Diskussionen – ob mit Vertretern aus der Schülermitverantwortung (SMV), mit Eltern oder Kollegen – nicht auf seiner hierarchisch höheren Position zu bestehen, sondern sich in Diskursen auf eine argumentativ-sachliche Ebene zu begeben, deren Ergebnis zu Beginn des Diskurses möglicherweise nicht bekannt ist. Hierbei spielt es keine Rolle, von wem welches Argument kommt. Verzichten sollte man in solchen Situationen auch auf rhetorisch-argumentative Spitzfindigkeiten oder darauf, das Gegenüber – egal ob Schüler, Lehrer oder Elternvertreter – einfach »zuzuschwallen«. Im Zweifelsfall ist es ehrlicher, das bessere Argument anzuerkennen und die Gründe offenzulegen, weshalb eine Umsetzung dennoch nicht in Angriff genommen wird.

Geduldig sein

Eine Schule zu entwickeln geht nicht von heute auf morgen. Man muss lernen, in größeren Zeiträumen (»Wo will ich in zwei, wo in fünf Jahren stehen?«) zu denken. Je größer das Kollegium, desto schwieriger und langwieriger ist die Implementation von Innovationen. Gerade visionäre Schulleitungen neigen dazu, ungeduldig zu sein. Das birgt erhebliche Gefahren. Man fängt als Schulleitung an, schlecht vom eigenen Kollegium zu denken (und dann ist es nur ein kleiner Schritt, dass man auch so redet). Man fühlt sich in seinem Bemühen vom Kollegium oder von bestimmten Kolleginnen und Kollegen gebremst. Das schafft Ärger und Verdruss. Mit Geduld und langem Atem kommt man unter Umständen schneller zum Ziel.

Kompromissbereitschaft

Nicht alle Ziele lassen sich rein verwirklichen. Manchmal – gerade bei visionärer Veranlagung – muss man auch seine eigenen Ziele dem kritischen Diskurs stellen, sie abgleichen und relativieren. Wichtig ist immer wieder die »Erdung«. Man muss die Strömungen und Kompetenzen im Kollegium kennen und daraus realistische Ziele ableiten. Dem Machbaren, auch wenn es unter Umständen Kompromisscharakter trägt, ist mitunter aus pragmatischen Gründen der Vorzug zu geben. Das ist besser, als immer nur heldenhaft zu scheitern. Und manchmal sind qualifizierte Kompromisse besser als das, was man sich selbst ausgedacht hat, oder sie sind ein verheißungsvoller Meilenstein auf dem Weg in die gewünschte Richtung.

Nicht nachtragend sein

Als Schulleitung wird man immer wieder Situationen als Niederlage erleben. Man kann bestimmte Vorstellungen nicht durchsetzen. Man wird von einer bestimmten Kollegengruppe ausgebremst. Man bringt einen wichtigen Konferenzbeschluss nicht zustande (und man weiß, welche Kollegen dafür verantwortlich sind). Mitunter wird man – zu Recht oder zu Unrecht – die eine oder andere Situation auch als persönlich kränkend erleben. Nun muss man nicht alle seine Kolleginnen und Kollegen in gleicher Weise mögen. Aber alle haben den Anspruch, fair und korrekt behandelt und immer wieder neu gehört zu werden. Gelingt es einem Schulleiter, diesen gleichen Umgang – geprägt durch Sachlichkeit und Freundlichkeit, unabhängig von entsprechenden negativen Erfahrungen – dauerhaft zu praktizieren, so stärkt das seine Achtung und Stellung im Kollegium und fördert das Klima des sachorientierten Diskutierens und Arbeitens. Nicht nachtragend zu sein, Dinge nicht persönlich zu nehmen (selbst wenn sie einmal persönlich gemeint gewesen sein sollten), ist allerdings eine hohe Kunst, die sehr viel persönliche Unabhängigkeit und Eigenstabilität voraussetzt. Auch diese Haltung kann eingeübt werden.

Unabhängig sein

Es ist wichtig, von Lob und Anerkennung als Schulleiter unabhängig zu sein. Natürlich freut man sich als Schulleiter über Lob und Anerkennung von Lehrer- und Elternseite, aber damit ist keinesfalls immer zu rechnen. Der Ansporn für das verantwortliche tägliche Handeln und Entscheiden sollte der Grundeinstellung geschuldet sein, das, was man tut, gut zu machen (vor allem gut im Interesse der Schüler!). Das – in Verbindung mit dem Grundvertrauen in die eigenen Fähigkeiten – schafft Unabhängigkeit und macht selbstsicher.

Fehlerkultur

In der Schule als komplexer Einrichtung mit unzählbar vielen Vorgängen und zwischenmenschlichen Interaktionen werden täglich nahezu von allen Beteiligten Fehler gemacht. Die Frage ist, wie mit Fehlern angemessen umzugehen ist. Auf der einen Seite geht es darum, Fehler zu minimieren, aus Fehlern zu lernen, sie als Optimierungsgelegenheit anzusehen. Das ist wichtig, denn wenn auch manche Fehler nur peinlich und in ihrer Wirkung belanglos sind (und bestenfalls ein Pedant, übertriebener Perfektionist oder Misanthrop sich darüber aufregt), so ist das doch nicht bei allen so. Häufig gibt es jemand, der einen gemachten Fehler ausbaden muss, dem durch einen Fehler Mehrarbeit entsteht, oder der Eindruck, an der Schule würde schlampig gearbeitet, drängt sich auf. Wie soll man mit Fehlern umgehen?

- Großzügig und tolerant (und die Kolleginnen und Kollegen werden es einem danken!) sollte man dann sein,
  - wenn hochengagierten Kollegen ein Fehler unterläuft, zumal wenn die entsprechende Einsicht da ist.
  - wenn Fehler nicht selbstverschuldet sind (z. B. durch fehlende Informationen).

- wenn Kollegen (insbesondere junge Kollegen) Neues ausprobieren und es nicht gleich funktioniert. Hier sofort zu intervenieren würde die weitere Lust am konstruktiven Experimentieren erlahmen lassen. Es ist wichtig, dass an der Schule ein entsprechendes Klima (ich darf Dinge ausprobieren, es darf auch einmal etwas schiefgehen) herrscht.

- Die Fehlergefahr an der Schule kann man minimieren durch einen guten Informationsfluss:
  - klare Informationswege (hierfür gibt es viele Möglichkeiten: Ansage in der Konferenz, Aushang, interne elektronische Informationsplattform, E-Mails etc.); aber Achtung: Zu viele Informationen bergen ihr eigenes Fehlerrisiko!
  - sinnvolle und praktikable Handreichungen (z. B. Checklisten für bestimmte Anlässe)
  - sorgfältige Einweisung und Begleitung der neuen Kolleginnen und Kollegen
- Intervention ist angesagt bei schwerwiegenden oder sich ständig wiederholenden Fehlern. Hier kann es angezeigt sein, einen förmlichen Tadel auszusprechen (und gegebenenfalls in der Personalakte zu vermerken), eine Zielvereinbarung zu treffen, den Aufgabenzuschnitt (z. B. bei Überforderung) zu ändern, eine Einbindung in ein Team zu veranlassen, eine Fortbildung zu verordnen oder ein Coaching zu empfehlen.
- Auch der Schulleitung unterlaufen Fehler (möglicherweise – entsprechend des Amtes – sogar mit größerer Wirkung). Auch das ist normal. Hier kann man selbst den eigenverantwortlichen Umgang mit Fehlern vorleben: Sich entschuldigen, sich korrigieren, aus dem Fehler lernen und es das nächste Mal besser machen. Man ist schlecht beraten, die eigenen Fehler zu kaschieren, kleinzureden oder umzudeuten.

Über die Fehlerkultur an einer Schule braucht nicht viel gesprochen zu werden. Es kommt auf die Praxis durch die Schulleitung an und das Klima, das dadurch entsteht.

Die Schule führen und entwickeln

Gestalten und verwalten

Ein beträchtlicher Teil der Arbeitszeit der Schulleitung wird durch Verwaltungsaufgaben im weitesten Sinne in Anspruch genommen. Das sind vielfach jährlich wiederkehrende Vorgänge wie Lehrerbedarfsbericht und Lehrereinstellung, Lehrauftragserstellung, Klasseneinteilung, Stundenplan, Statistik, Beantragung von Haushaltsmitteln, Schuljahresplanung, Raumbelegungspläne, Einberufung des Krisenteams etc. Hier lohnt es sich, die Abläufe zum Beispiel in einem Handbuch zu dokumentieren. Oder es handelt sich um sonstige, oft als täglicher Kleinkram empfundene Tätigkeiten, zum Beispiel Haushaltsüberwachung, Information über Fortbildungsangebote (Wer muss über was informiert werden?), Ausfüllen einer Anfrage des Ministeriums, Teilnahme der Schule an einer wissenschaftlichen Umfrage, Freiblocken der Sporthalle wegen einer Tagung. Keine Frage, eine Schule soll gut verwaltet sein. So schnell als möglich hohe und zuverlässige Serviceleistungen gegenüber den Kolleginnen und Kollegen, den Schülern, den Eltern, dem Amt oder dem Rathaus zu erbringen, trägt nicht nur zum guten Image der Schule und zum Eindruck einer professionell arbeitenden Einrichtung bei, sondern ist selbst schon eine Gestaltungsaufgabe, dieser Selbstanspruch setzt Standards und wirkt vorbildhaft auch im Hinblick auf das Agieren der Kollegen mit den Schülerinnen und Schülern. Wie überhaupt die Grenzen zwischen Verwalten und Gestalten vielfach fließend sind.

Um dem Anspruch einer möglichst reibungslosen und effektiven Verwaltung der Schule gerecht werden zu können, sind ein fundierter Überblick über anfallende Abläufe und Tätigkeiten notwendig, eine immer neue Überprüfung der vorhandenen Strukturen im Hinblick auf ihre Passung sowie ein hohes Maß an Delegation an kompetente Mitarbeiter. Im Mittelpunkt stehen hier zunächst einmal das Schulleitungsteam und das Sekretariat der Schule. Aber damit lassen sich längst nicht alle Aufgaben abdecken. Um entsprechend der komplexen Aufgaben einer Schule heute gut aufgestellt zu sein, braucht es wesentlich mehr Akteure, deren Aufgabengebiete klar benannt sind. Das geschieht im Geschäftsverteilungsplan, einem wichtigen schulischen Dokument, das entsprechend auch allen am Schulleben Beteiligten bekannt sein sollte.

Eine Schule gut zu verwalten kann schon mit der Führung der Schule verwechselt werden und kann in der Tat eine durchaus ausfüllende Tätigkeit sein, für die man auch Wertschätzung von unterschiedlicher Seite erfahren kann. Dennoch bedeutet Schulleitung ungleich mehr. Das Kerngeschäft der Gestaltung, der pädagogischen Führung und des Qualitätsmanagements im Hinblick auf den Unterricht darf nicht aus dem Auge verloren werden. Lehrerinnen und Lehrer sind hochunterschiedliche Persönlichkeiten und oft ausgeprägte Individualisten. Vor einer Klasse zu stehen ist per se schon eine Führungsaufgabe. Einem Kollegium dieser Art (möglicherweise in der Problematik potenziert durch die Größe der Schule) eine Richtung zu geben (was der Schule eine Richtung zu geben heißt) ist keine einfache Aufgabe. Aber es ist der Kern von Schulleitung. Eng in diesem Kontext sind Fragen der Schulentwicklung und der pädagogischen Innovation zu sehen. Schulentwicklung und schulische Innovation sollten allerdings von den inhaltlichen Ansprüchen (nicht nur was die eher handwerklich-methodischen Fragen der Kommunikation, des Projektmanagements und der Implementation anbelangt) dem State oft the Art genügen, was gute und fundierte Kenntnisse der großen Trends und – im Sinne der Evidenzbasierung – auch vertieften Einblick in die wissenschaftliche Diskussion verlangt. Im Übrigen gilt es auch, die Gefahr der negativen Schulentwicklung zu vermeiden. Von negativer Schulentwicklung kann man dann sprechen, wenn einmal stimmige Maßnahmen infolge neuer Erkenntnisse oder veränderter Realitäten nicht mehr passen, wenn hohe Standards nicht mehr erreicht werden oder wenn Routine statt Leidenschaft die Arbeit prägt. Das ist häufig ein »Problem der zweiten Generation«, wenn Lehrkräfte Konzepte umsetzen, die vor ihrer Zeit entwickelt wurden.

Wichtige Kriterien für die Schulentwicklung

Wie bereits ausgeführt, ist **die Schulentwicklung das Kerngeschäft von Schulleitung.** Dabei ist zu beachten, dass mit Schulentwicklung nicht ein um seiner selbst willen zu betreibender Aktionismus gemeint ist. Dennoch bleibt Schulentwicklung eine permanente Aufgabe. Die Lehrerschaft ändert sich, die gesellschaftlichen Herausforderungen sind im Wandel begriffen. Mediale, methodische und pädagogische Weiterentwicklungen bedürfen der Adaption durch die Schule. Dabei muss man nicht auf jeden Trend – vor allem nicht als Erster – aufspringen. Bei aller Innovation muss die Wertschätzung für das Bewährte und seine Pflege aufrechterhalten bleiben. Es ist Schulleitungsaufgabe, hier ein klares und orientiertes Urteil zu haben und die richtige Balance zwischen Bewahrung und Innovation zu finden. Dabei findet Schulentwicklung in gewisser Weise immer statt: Kolleginnen und Kollegen haben innovative Ideen, Eltern fordern bestimmte Maßnahmen, das Kultusministerium setzt zum Beispiel mit neuen Bildungsplänen neue Standards, der Gesetzgeber (Beispiel Inklusion) verändert die Rahmenbedingungen, junge Lehrerinnen und Lehrer kommen mit neuen Qualifikationen von der Hochschule oder vom Seminar; auf der anderen Seite gibt es immer auch eine stillschweigende Tendenz zu einer negativen Schulentwicklung: Es schleichen sich Routinen ein, einstmals hervorragende Ideen und Ansätze nutzen sich ab. Es ist Sache des Schulleiters, dem allen eine Richtung zu geben und was disparat ist, zu orchestrieren. Einige formale Kriterien können dabei sehr hilfreich sein:

Konvergenz

Hier wird nach der Übereinstimmung von Entwicklungsmaßnahmen mit dem Auftrag der Schule gefragt. Es geht in der Praxis um die Umsetzung der schulgesetzlichen Vorgaben, des Bildungsplans, des schulischen Leitbilds (falls vorhanden) und klarer berufsethischer Leitlinien (Vorrang der Interessen der Schülerschaft, Orientierung an den wohlverstandenen Interessen der Schülerinnen und Schüler etc.). Nichts davon ist in der schulischen Realität (in der Theorie schon) selbstverständlich: Die Einsickerung verbindlicher Bildungspläne dauert Jahre; oft dominieren Fächeregoismen das Lernpensum mehr als eine klare Ausrichtung an den Interessen der Schüler; die Lehrerschaft hat unterschiedliche Vorstellungen von guter Schule etc.).

Konsistenz

Innovationspotenziale gibt es viele an den Schulen. Viele Kolleginnen und Kollegen sind in hohem Maße engagiert und innovationsbereit. Das Kriterium der Konsistenz fragt danach, ob das, was an einer Schule getan wird, eine (erkennbare) Richtung hat, ob Maßnahmen und Innovationen zueinander passen. Man könnte auch fragen: Hat die Schule ein klares Profil, steht sie für einen Leitgedanken und ist die Umsetzung in der Praxis erkennbar? Vielfältiger Aktionismus kann sehr inkonsistent sein. Hier gilt es, das Kollegium für die Idee der Schule zu gewinnen und das, was die Schule tut, aufeinander zu beziehen.

Effektivität und Nachhaltigkeit

Großer und reichhaltiger Aktionismus kann weit entfernt sein von Effektivität und Nachhaltigkeit. Maßnahmen, Innovationen, von denen nur eine kleine Anzahl von Schülern erreicht werden, sind nicht nachhaltig. Innovationen (z. B. der Projektunterricht, den eine Kollegin in ihren Klassen betreibt) können eine schöne Blüte sein (können sogar zur Außenwirkung beitragen), aber letztendlich ohne Wirkung bleiben, wenn sie nicht von anderen Kolleginnen und Kollegen aufgegriffen, fortgeführt, gestützt und gestärkt werden. Effektivität und Nachhaltigkeit fragen also nach der Anzahl der Schüler, die erreicht werden und nach Wiederholung bzw. dauerhafter Prägung der Schüler durch eine Maßnahme. Ein Beispiel möge den Sachverhalt verdeutlichen: Eine Projektunterrichtsphase in einer siebten Klasse bei Lehrerin XY führt noch nicht in nachhaltiger Weise zur Ausbildung von Selbstständigkeit und selbstverantwortlichem Arbeiten. Erst wenn alle Schülerinnen und Schüler der Schule wiederholt und regelmäßig an Projektunterrichtsphasen teilnehmen, kann man erwarten, dass ein deutlicher und nachhaltiger Effekt im Hinblick auf die intendierten Ziele (z. B. Förderung der Eigenverantwortlichkeit) entsteht. Gerade das zentrale Kriterium der Effektivität bzw. Nachhaltigkeit ist immer wieder im Kollegium zu thematisieren. Die gemeinsame Arbeit sollte unter diesem Aspekt regelmäßig überprüft werden. Gemeinsam und aufeinander abgestimmt lassen sich nachhaltige Wirkungen erzielen. **Man kann nur gemeinsam gut sein.**

Effizienz
Hier wird nach der Relation von Aufwand und Ertrag gefragt. Nicht jedes Ziel kann mit den vorhandenen Bordmitteln erreicht werden. Möglicherweise sind vorbereitende Maßnahmen (Fortbildungen oder sächliche und räumliche Investitionen) notwendig, was zu einer längerfristigen Planung nötigt. Vielleicht müssen die Ziele zurückgesteckt werden (manchmal ist weniger tatsächlich mehr). Oft ist es auch so, dass man relativ viel mit mittlerem Aufwand erreicht, während die Perfektion nur mit gewaltigem Aufwand (Kontrolle, Bürokratie, »Kollateralschäden«, zum Beispiel Burnout von Kollegen oder Gefährdung des Arbeitsfriedens) erreichbar ist. Es ist Schulleitungsaufgabe, nicht nur der Schule im Rahmen der Vorgaben eine Richtung zu geben, sondern stets auch einen Blick für das Machbare zu haben.

Transparenz
Grundsätzlich sollte alles, was an der Schule getan und entwickelt wird, nach innen und außen transparent gemacht werden. Vorrangig dabei ist die Transparenz nach innen: Die Akteure sollten voneinander wissen. Das Ganze der Schule sollte ihnen bewusst und verständlich sein. Ist die Transparenz nach innen gegeben, ergibt sich die nach außen zwanglos und organisch und wirkt nicht aufgesetzt.

Man kann sich bei Bedarf in Fragen der Schulentwicklung auch an inhaltlichen Kriterien orientieren. Interessant in diesem Zusammenhang sind zum Beispiel die sechs Kriterien des Deutschen Schulpreises *Leistung, Schule als lernende Institution, Umgang mit Vielfalt, Unterrichtsqualität, Verantwortung, Schulleben*. Nahezu alle Schulen in Deutschland haben – so zumindest ein breiter Konsens – Nachholbedarf bei der Individualisierung des Lernens. Es empfiehlt sich also, bei allen Innovationen zu prüfen, ob und in welcher Weise die Individualisierung des Lernens durch sie vorangetrieben wird. Das kann mit einfachen Prüffragen geschehen: Ermöglicht die Maßnahme individuelle Lerntempi? Macht die Maßnahme eine eigenständige Stoffauswahl in einem begrenzten Rahmen möglich? Trägt die Maßnahme zur horizontalen oder vertikalen Differenzierung bei (beide Aspekte sollten in einer Schule gelebt werden)? Inwiefern geht die geplante Innovation vom individuellen Begabungsprofil der Schülerinnen und Schüler aus? Wie lernen wir die Schüler in ihrem Begabungsprofil kennen? Gibt es Individualfeedback (im Rahmen einer formativen Evaluation) an die Schüler?

Die Schulleitung als Akteur der Schul- und Unterrichtsentwicklung

Ohne Zweifel, die eigene Schule als Schulleiter weiterzuentwickeln, ist eine Gratwanderung. Man kann zu zaghaft sein, zu ängstlich, zu bescheiden, zu sehr darauf hoffen, dass sich schon irgendetwas bewegt, und sich dabei mit der Attitüde eines vielbeschäftigten Verwalters der Schule umgeben. Dann bleibt die Schule unter ihren Möglichkeiten. Diese Variante beschreibt die Realität an vielen Schulen. Man kann aber auch über das Ziel hinausschießen, zu ehrgeizig sein, zu viel vom Kollegium verlangen, die Bodenhaftung und die Gefolgschaft im Kollegium verlieren. Leider kommt auch diese Konstellation gelegentlich vor. Die folgenden Tipps können hilfreich bei der pädagogischen Führung des Kollegiums sein:

- Als Schulleiter (das Richtige) sehen lernen (nicht nur Daten, Ergebnisse, Tests, Lehrerverhalten, sondern auch das Lernen der Schüler und der Lehrer und das Lehren).
- Sich der eigenen Ziele und Leitvorstellungen bewusst sein.
- Persönlich vorbildhaft im Hinblick auf die eigenen Zielvorstellungen agieren.
- Die eigenen Ziele und Leitvorstellungen transparent machen und dem Kollegium kommunizieren.
- Auf die eigene Sprache achten (Ziele positiv konnotieren, keine abwertenden Bemerkungen); schlecht: »Wir sollten uns auch mit der Hattie-Studie beschäftigen«, besser: »Die Hattie-Studie hat überzeugend gezeigt ...«.
- Wichtig ist, die Potenziale im Kollegium zu kennen. Wer kann und wer will was? Es gibt in jedem Kollegium Kolleginnen und Kollegen, die sich gern mehr engagiere n würden.
- Die Schule als Ganzes sehen und die Lehrerschaft immer wieder an dieser ganzheitlichen Perspektive teilnehmen lassen.
- Bei auftauchenden Problemen nicht gleich in Lösungen denken, sondern gemeinsames Nachdenken zulassen und so die tragfähigste Lösung gemeinsam finden.
- Entwicklungen aus der Mitte des Kollegiums, die in die richtige Richtung gehen, tatkräftig und nachhaltig unterstützen (und die Ehre den Kolleginnen und Kollegen lassen!).
- Bei der Schulentwicklung einen Fokus bilden, nicht zu viel auf einmal wollen, eventuell einen Mehrjahresplan (mit Meilensteinen, Zwischenetappen und auch Zwischenerfolgen!) oder Stufenplan erstellen (Schulentwicklungsplan).
- In Gesamtkonferenzen offiziell und mit Mandat durch die Konferenz Projektgruppen einsetzen mit klarem Arbeitsauftrag und Zeitplan. Das erhöht die Wahrscheinlichkeit, dass das Kollegium sich auf Neuerungen einlässt. Projektgruppen sollten nicht nur fachlich kompetent sein bzw. sich die Kompetenz ins Boot holen, sondern vor allem auch das Projektmanagement professionell beherrschen.
- Intern, aber auch in der Eltern- und Öffentlichkeitsarbeit auch kleine Erfolge würdigen und sie in den Rahmen der intendierten Schulentwicklung stellen. Öffentliche Festlegungen wirken bindend für die ganze Schulgemeinschaft. Aber Achtung: Sich nicht zu weit aus dem Fenster lehnen!
- Tools zur Unterstützung im Hinblick auf die intendierten Ziele bereitstellen (z. B. Fragebögen zum Einholen von Feedback).
- Als Schulleiter ist man nicht nur Berater, sondern auch Beurteiler der Kolleginnen und Kollegen. Für die Unterrichtsbeobachtung und -beurteilung kann man die Kriterien im Hinblick auf intendierte Ziele (z. B. Umgang mit Vielfalt, zieldifferente Unterrichtsphasen, Einholen von Schülerfeedback etc.) weiterentwickeln. Allerdings ist es wichtig, diese Kriterien offenzulegen.

- Es ist hilfreich, immer wieder das fachlich-pädagogische (Grundsatz-)Gespräch mit den Kolleginnen und Kollegen zu suchen. Das kann in Einzelgesprächen oder in Fachschaftsrunden geschehen. Es ist wichtig, die Dialoge offen zu führen, Interesse zu zeigen (»Was denkst du? Warum denkst du so? Welche Erfahrungen hast du gemacht? Was hindert dich, anders zu denken/Neues zu denken?«). Fragen sind manchmal besser als vorschnelle eigene programmatische Vorschläge und Visionen. Ein nachdenkliches und zum Nachdenken immer wieder bereites Kollegium ist von unschätzbarem Wert.
- Eine offene Fehlerkultur ist unabdingbar. Neues zu wagen heißt immer auch Neuland zu betreten. Erfahrungen und Routinen fehlen zunächst einmal. Nicht alles bewährt sich. Hier gilt es (wenn man selbst betroffen ist), Fehler großzügig einzugestehen und zu korrigieren oder gegebenenfalls betroffene Kolleginnen und Kollegen zu ermutigen, Korrekturen vorzunehmen und unverdrossen weiterzuarbeiten.
- Es ist sinnvoll, die Kooperation der Kolleginnen und Kollegen untereinander zu fördern und dafür die Rahmenbedingungen (Zeiten und Räume) so weit möglich zur Verfügung zu stellen.
- Es empfiehlt sich, den Horizont der eigenen Schule zu öffnen, immer wieder aufzureißen. Man kann Delegationen an einer anderen Schule hospitieren lassen, man kann Referenten an die eigene Schule (öffentliche Vorträge oder Impulse nur für das Kollegium) einladen. Das schafft (gewünschte) Irritationen und kann zum langsamen Entstehen eines Klimas im Kollegium beitragen, das für Wandel offen ist.
- Es ist von großem Vorteil, viel Zeit und einen langen Atem zu haben. Schulen sind mitunter wie schwerfällige Tanker, bei denen sich Kursänderungen am Ruder nicht sofort bemerkbar machen. Ein Grund mehr, Innovationen frühzeitig und beharrlich einzuleiten.

Unterrichtsentwicklung

Struktur- und Prozessqualität: Ergebnisse verbessern

Ziel jeder schulischen Arbeit ist eine gute Ergebnisqualität. Die Ergebnisqualität lässt sich über die angestrebten Ziele definieren und bemessen. Der Abiturschnitt zum Beispiel ist nur eine Facette schulischer Ergebnisse (noch dazu ein Indikator mit eingeschränkter Aussagekraft). Ergebnisse, egal welcher Art, kann man nicht direkt ansteuern. Man hat keinen direkten Einfluss auf die Ergebnisqualität. Zwei andere Größen sind schließlich maßgeblich für die Ergebnisqualität, die Struktur- und die Prozessqualität.

Strukturqualität

Eine Reihe von Strukturen sind den Schulen vorgegeben:

- Die Stundenkontingente: Da es Kontingente sind, lässt sich strukturell hier aber schon etwas bewegen, je nach Ziel, das man verfolgt.
- Der Bildungsplan: Hier können Entscheidungen über vertieft, exemplarisch zu lernende Schwerpunkte und kursorisch zu behandelnden Stoff getroffen, ein schulinternes Curriculum zur Umsetzung des Bildungsplans kann geschrieben werden.
- Die Architektur: Bei der Raumnutzung und Gestaltung der Räume gibt es meist erhebliche Spielräume.
- Die formale Qualifikation der Lehrkräfte: Man kann ergänzend an der Schule die ersten Berufsjahre der Junglehrer im Sinne schulinterner Schwerpunkte begleiten, den Junglehrern zum Beispiel eine ältere Lehrkraft als Mentor zur Seite stellen.

All diese Strukturen sind Basisstrukturen, die durch die Schule – gewiss oft in engen Grenzen – gestaltbar sind.

Im Folgenden möchten wir anhand einiger Beispiele zeigen, wie auf der Strukturebene Änderungen vorgenommen werden können.

Stundenplangestaltung

Fragen des Stundenplans sind Fragen der Strukturqualität. Stundenplanmacher – vor allem an größeren Schulen – wissen, dass dabei die gestalterischen, wirklich pädagogischen Freiheitsgrade gering sind. Hallenkontingente, Kooperationen, Lehrkräfte, die an mehreren Schulen unterrichten, Schienen etc. schränken die Möglichkeiten ein. Dennoch bleiben Spielräume. Zahlreiche Schulen haben in den vergangenen Jahren wirkungsvoll in die Strukturqualität eingegriffen und von Einzel- auf Doppelstunden umgestellt oder zumindest den Anteil an Doppelstunden drastisch erhöht. Ziele dabei waren, der Kurzatmigkeit der 45-Minuten-Stunde entgegenzuwirken und die Vielzahl an Fächern und Lehrern an einem Unterrichtsvormittag im Interesse der Schüler und ihrer Aufnahmefähigkeit zu verbessern. Schließlich erhofft man sich davon eine höhere Effektivität, also schlussendlich eine Leistungssteigerung. Ob die eingetreten ist, muss dahingestellt bleiben. Aber interessant sind die eigentlich nicht intendierten Effekte, auf die aber schon bald niemand mehr verzichten möchte: Größere Ruhe im Schulhaus und eine Verlangsamung des Unterrichts (man kann nicht 90 Minuten im Stil der 45-Minuten-Stunde unterrichten), was auch methodisch zu einer veränderten Unterrichtskultur (ein Beispiel, wie die Strukturqualität Auswirkungen auf die Prozessqualität haben kann) geführt hat.

Epochenunterricht

Auch der Epochenunterricht, den einige Schulen in unterschiedlichem Umfang praktizieren, will das fachliche Lernen vertiefen und ganzheitlicher (Beleuchtung eines Themas aus unterschiedlichen Perspektiven) gestalten. In den Epochenzeiträumen werden entweder einzelne Fächer intensiver und andere gar nicht unterrichtet, oder es wird tatsächlich an einem Thema gearbeitet und alle Fächer bringen sich entsprechend ein. Auch diese Maßnahme ist eine Veränderung der Strukturqualität.

Einrichtung einer Mathewerkstatt
Es gibt Schulen, die haben eine Mathewerkstatt eingerichtet. Die Zielsetzung hierbei ist es, eine Antwort auf die Unterschiedlichkeit, die verschiedenen Leistungsstände und auch Motivationslagen im Fach Mathematik zu geben. Die Mathewerkstatt kann von den Schülern je nach Bedarf und auf Anraten des Fachlehrers zusätzlich zum regulären Mathematikunterricht besucht werden. Sie ist mit Selbstlernmaterialien (Ordner, Karteikarten, Software) zu allen Themen bestückt. Der einzelne Schüler kann also entsprechend seiner Interessenlage oder genau dort, wo seine Defizite sind, im eigenen Tempo arbeiten. Es gibt nicht wie im normalen Unterricht das gemeinsame Fortschreiten der Lerngruppe. Die Schüler in der Mathewerkstatt werden betreut von ausgebildeten Schülermentoren und einer Mathematiklehrkraft. Auch die Mathewerkstatt – eine schulstrukturelle Änderung – hat nichtintendierte Nebeneffekte: Der Fachunterricht wird etwas von der Anforderung der Differenzierung entlastet. Und: Es findet eine Umkehrung der Beweislast statt insofern, als es nicht mehr ausschließlich die Lehrkraft ist, die für den Erfolg zuständig ist, sondern einem Schüler Verantwortung für sein eigenes Vorankommen zugemutet wird: Erstens, ob er bei schlechten Noten überhaupt in die Mathewerkstatt geht (er muss es nicht), und zweitens, ob er das Angebot persönlich intensiv wahrnimmt.

Weitere Beispiele für Maßnahmen auf der strukturellen Ebene könnten sein: Arbeit mit Schülermentoren, Hausaufgabenbetreuung, Umstellung auf Ganztag oder Ausbau von Ganztagelementen, Gruppenteilungen und Schienen, Klassen- oder Fachraumprinzip, wählbare Angebote (Arbeitsgemeinschaften, Kurse), Einrichtung von teilweise selbstständigen Lernhäusern (z.B. für die Unterstufe). Die Liste mit Handlungsmöglichkeiten auf der Ebene der Strukturqualität lässt sich beinahe beliebig fortsetzen. Schulbau und Raumgestaltung, Freiarbeitsstunden, Lernateliers, Bibliotheken und Selbstlernzentren, Medienausstattung (Whiteboards, Tablets etc.), Steuergruppe, Organisation und Zuschnitt des Schulleitungsteams. Dies sind alles strukturelle Maßnahmen, die die Schule, das Lernen und Leben in der Schule verändern.
Die Beispiele zeigen, dass es auf der strukturellen Ebene eine Fülle von Gestaltungsmöglichkeiten gibt. Nicht alles, was man für wünschenswert hält, wird vor Ort machbar sein. Natürlich gibt es räumliche und finanzielle Grenzen. Und es braucht vor allem einen Konsens für die jeweilige Entscheidung durch die Lehrerschaft. Solch ein Konsens ist die beste Voraussetzung, dass dann auch auf der Prozessebene erfolgreich gearbeitet wird. Dennoch sind Veränderungen der Strukturqualität vergleichsweise einfach zu erzielen. Ihr Einfluss auf die Ergebnisqualität hängt aber entscheidend von der auf den Strukturen aufsetzenden Prozessqualität ab, und diese ist ungleich schwieriger zu steuern.

Prozessqualität
Veränderungen auf der Prozessebene sind ungleich schwerer zu bewerkstelligen. Hier geht es um das konkrete, alltägliche professionelle Verhalten der Lehrkräfte in nichtstandardisierten, oft unvorhersehbaren Situationen, das sich aus ihrem persönlichen Wollen (Einstellungen, Haltungen, Prägungen spielen hier im Hintergrund eine große

Rolle) und Können ergibt. Es liegt auf der Hand, dass bereits in einem kleinen bis mittelgroßen Kollegium die Heterogenität der Lehrerschaft sich hier deutlich – auch qualitativ – bemerkbar macht. Laut Hattie (2014, S. 24) ist die Varianz im Hinblick auf den Erfolg von Schülerinnen und Schülern zwischen den Lehrkräften größer als zwischen verschiedenen Schulen (woraus man schließen kann, welche Bedeutung den Lehrkräften und der Prozessqualität zukommt).

Das relativiert etwas die Bedeutung von Strukturveränderungen. Dennoch können mit Strukturveränderungen wichtige Weichen gestellt werden, diese sollten aber immer mit der Bereitschaft des Kollegiums einhergehen, im Sinne veränderter oder neugeschaffener Strukturen möglichst erfolgreich zu arbeiten. Auch hier sollen einige Beispiele illustrieren, was gemeint ist.

Angenommen, ein Kollegium beschließt, in einem gewissen Stundenumfang in der Unterstufe Freiarbeit – eine strukturelle Veränderung – einzuführen. Dann müssen im Zuge der Realisierung dieser Veränderung entsprechende Aufgaben entwickelt werden. Damit bewegen wir uns auf der Ebene der Prozessqualität. Man kann – oder auch nicht – sich in anderen Schulen umschauen, wie Freiarbeit dort gehandhabt wird. Man kann – oder auch nicht – sehr ansprechende Formate für die Freiarbeitsaufgaben wählen (hoher Attraktivitätsgrad); man kann – oder auch nicht – die Aufgaben von den Schülern her denken; man kann sie methodenbewusst (welche Kompetenzen außer den fachlichen sollen die Schüler noch lernen?) gestalten. Das geschieht sozusagen im Vorfeld. Ist die Freiarbeit etabliert, dann – so zeigt sich – macht es einen Unterschied, welche Lehrkraft sie betreut. Bei Kollegin XY kommen die Schüler schnell und gut ins selbstständige Arbeiten. Bei Kollege NN ist es laut, mit den Materialien wird nicht achtsam umgegangen. Die Prozessqualität ist sehr unterschiedlich.

Auch für den klassischen Unterricht ist die Varianz in der Prozessqualität erheblich. Eine Lehrkraft bereitet die Stunde sehr sorgfältig vor, eine andere tut das eher flüchtig. Der

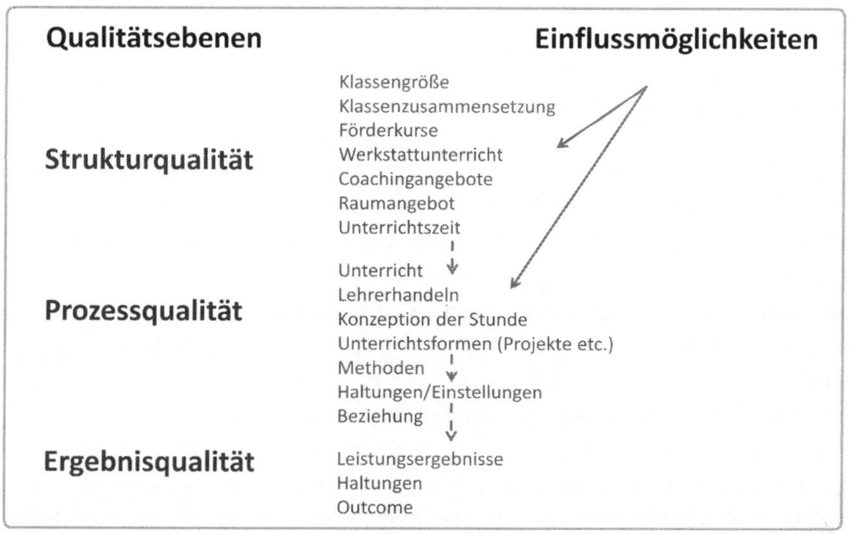

einen Lehrkraft gelingt ein gutes Classroom-Management, der anderen nicht. Eine Lehrkraft baut zu den Schülerinnen und Schülern in ihrem Unterricht tragfähige Beziehungen auf und hat gleichzeitig hohe Leistungserwartungen, der anderen gelingt das eher nicht.

Wird nicht auf die nötige Prozessqualität geachtet, kann eine an sich sinnvolle Maßnahme auf der Strukturebene schnell sehr suboptimal verlaufen oder gar in ihrer Wirkung verpuffen – meist ein gutes Argument für manche der immer vorhandenen Kritiker, wenn es um Strukturveränderungen geht.

Einflussnahmen auf die Prozessqualität sind genauso schwierig wie notwendig. **Eine Schule darf auf keinen Fall bei Veränderungen auf der Ebene der Strukturqualität stehen bleiben.** Allerdings ist es ein gängiges Muster bei Innovationen, dass engagierte Lehrkräfte Veränderungen auf der Strukturebene vorschlagen oder in ihrem Verantwortungsbereich etablieren. Gerne schmücken sich auch Schulen mit solchen Blüten. Fällt allerdings die betreffende Lehrkraft aus, zeigt sich häufig, dass eine andere Person diese Struktur auf dem ursprünglichen Niveau nicht ausfüllen kann, das heißt die notwendige Prozessqualität (sei es aus Mangel an Überzeugung, sei es infolge nicht ausreichender Kompetenz) nicht liefern kann. Dieser Sachverhalt lässt sich unschwer an praktisch allen im vorherigen Abschnitt genannten Beispielen (Hausaufgabenbetreuung, Mathewerkstatt etc.) zeigen.

Immer wieder wird sich auch zeigen, dass es Rückwirkungen von der Prozessebene auf die Strukturebene gibt. Bestimmte Dinge auf der Prozessebene gut zu tun, ist häufig durchaus zeitaufwändig, bedarf also in manchen Fällen der strukturellen Nachbesserung, in dem Sinn, dass Ressourcen bereitgestellt (eigene Räume, Entlastungen in anderen Bereichen etc.) und Strukturen optimiert (z. B. besondere Gestaltung von Räumen) werden müssen. Jedenfalls sollten in der Praxis bei der Umsetzung von vorgegebenen oder selbstgesteckten Zielen die Strukturqualität und die Prozessqualität immer zusammen gesehen und in ihren Abhängigkeiten und Wechselwirkungen gemeinsam entwickelt werden.

Unterrichtsentwicklung ist ein oder genauer gesagt der zentrale Bestandteil der Schulentwicklung. Aber auch der schwierigste. Zum einen liegt der Unterricht in der Verantwortung der Lehrer. Ihre unterrichtliche Tätigkeit, also die Art, wie sie die Bildungsplanvorgaben umsetzen, liegt zu großen Teilen in ihrer pädagogischen Verantwortung. So lange also die Noten stimmen (übrigens ein sehr fragwürdiger Indikator), scheint keine Notwendigkeit zur Unterrichtsentwicklung zu bestehen. Über den Unterricht selbst wissen nur der unterrichtende Lehrer und die von ihm unterrichteten Schüler Bescheid. In der Regel sind die Türen während des Unterrichts geschlossen. Auch als Schulleiter hat man da zunächst nicht mehr Einblick. Gelegentliche Unterrichtsbesuche schaffen punktuelle Einblicke (Problem der Zufälligkeit und Generalisierbarkeit, vor dem Hintergrund, dass Unterrichtssituationen hochkomplex sind; kann man in wenigen Stunden Lehrerkonstanten, typische Merkmale verlässlich erfassen?) und ändern an der problematischen Situation nicht viel. Und dann gibt es noch das, was man eben als Schulleiter so mitbekommt über den Unterricht eines Lehrers, was einem zugetragen wird von Schülern und Eltern, was man da und dort heraushört. Das ist meist irgendwie gefärbt und – wenn es darauf ankommt – wenig belastbar. Also dann doch der Blick auf die Ergebnisse: auf die Fachnoten am Ende des Schuljahres. Allein auch hier stellt man fest, dass das nicht wirklich weiterhilft. Nach einigen Jahren im Amt hat man registriert, dass Lehrer unterschiedliche »Notentypen« sind. Der eine benotet strenger, der andere weniger streng. Eine Klasse, die im Vorjahr in Mathematik einen Schnitt von 2,4 hatte, erzielt im Folgejahr bei einem anderen Kollegen nur einen Schnitt von 2,9 oder umgekehrt (vielleicht liegt es nicht nur an der mehr oder weniger vorhandenen Großzügigkeit beim Erteilen von Noten, sondern auch an der Fähigkeit, zu erklären oder die Schüler zu motivieren). Ist die Klasse schlechter/besser geworden? Sind die Anforderungen gestiegen/gesunken? Wurden schwerere/leichtere Arbeiten geschrieben? War das Lehrer-Schüler-Verhältnis ein anderes? Hat die einsetzende/ausklingende Pubertät das Ergebnis verändert? – Man weiß es nicht. **Das Kerngeschäft von Schule, die Haupttätigkeit der Lehrer, der Unterricht und die ihn prägenden Interaktionen und Beziehungsmuster, liegt eigenartig im Dunkeln und ist damit schwer zu steuern und zu entwickeln.**

Unterricht erkunden

Ein Schritt in die richtige Richtung – wenn auch ein bei Weitem noch nicht ausreichender Schritt – sind sogenannte Vergleichsarbeiten (z. B. VERA). Sie geben etwas objektiver Auskunft über den (differenzierten) tatsächlichen Lernstand einer Klasse. Damit liegen an der Schule – und auch für den Schulleiter – wichtige Daten vor. Man weiß, was in einer Klasse im Moment gekonnt wird. Man weiß, wer in einer Klasse was kann. Nicht so einfach lässt sich allerdings die Frage der Verantwortlichkeit beantworten. Ist der augenblickliche Fachlehrer für die Defizite oder Stärken verantwortlich oder der Lehrer des Vorjahres? Oder bringen die Schüler ihre Defizite gar aus der Grundschulzeit mit? Oder ist die schwierige Klassenzusammensetzung für das schlechte Ergebnis verantwortlich? Ist es einfach ein schlechter Jahrgang oder muss einmal mehr die Pubertät als Erklärung herhalten? – Was könnte bei der Erkundung von Unterricht weiterhelfen?

- Schulinterne Schuleingangstests können helfen, die Ausgangslage einer Klasse differenziert festzustellen.
- Schuleigene Vergleichsarbeiten könnten über die von den Ländern vorgegebenen Arbeiten hinaus entwickelt und eingesetzt werden. So ließen sich die tatsächlichen Fortschritte einer Lerngruppe besser messen.
- Kolleginnen und Kollegen können ihren Unterricht regelmäßig von einzelnen Klassen (nicht jeder Lehrer jedes Jahr von jeder Klasse – das führt zu einer Abnutzung des Instruments) evaluieren lassen und dabei insbesondere mit einigen Items die Wirksamkeit des unterrichtlichen Lehrerverhaltens abfragen. Entsprechende Fragebögen werden inzwischen vielfach angeboten, jedoch leider noch wenig genutzt.

- Kollegiale Hospitation setzt direkt beim Unterricht an. Kollegen können sich gegenseitig Feedback geben und damit ihren Unterricht optimieren. Auch hierfür gibt es inzwischen gut entwickelte Beobachtungsbögen. Der Fokus der Beobachtung und des anschließenden Feedbacks sollte im Vorfeld vereinbart werden. Möglicherweise gelingt es auch, sich in der Lehrerschaft für die kollegiale Hospitation für einen längeren Zeitraum im Hinblick auf Trends der Schulentwicklung auf bestimmte Essentials zu einigen.
- Vertiefte und erweiterte Einblicke in den Unterricht an der Schule können seitens der Schulleitung durch häufige bzw. regelmäßige Besuche von Unterrichtssituationen gewonnen werden. Die Unterschiede zu den herkömmlichen Unterrichtsbesuchen liegen darin, dass nicht eine ganze Stunde besucht wird, sondern einfach 10 bis 20 Minuten in eine Stunde hineingeschaut wird: Wie ist das Unterrichtsklima? Welche Arbeitsform wird praktiziert? Diese Besuche – Walkaround – können wegen der Kürze öfter stattfinden. Sie müssen nicht so aufwändig wie klassische Unterrichtsbesuche dokumentiert werden (es reicht, wenn man dem Kollegen eine kurze fokussierte Rückmeldung gibt) und sie finden spontan, also unangekündigt statt: Die Schulleiterin oder der Schulleiter – an sehr großen Schulen eventuell auch ein Abteilungsleiter – geht einfach durch das Schulhaus von Tür zu Tür. Diese Praxis muss aber dem Kollegium grundsätzlich bekannt und akzeptiert sein.

Es ist klar, dass ohne offenes Gespräch, ohne dass die Kollegen voneinander, d.h. über ihre Unterrichtspraxis wissen und ohne Datenbasis eine gezielte und eventuell die Schule übergreifende Unterrichtsentwicklung nur schwer möglich ist. Natürlich kann man Defizite, die man bei ein, zwei Kollegen festgestellt hat, generalisieren oder Trends der Unterrichtsentwicklung aufgreifen und beispielweise sagen: Wir müssen jetzt alle mehr differenzieren, wir müssen der Eigenverantwortlichkeit der Schüler mehr Raum geben oder die Art, Hausaufgaben zu geben, auf ein neues Fundament stellen. Man kann das in der Gesamtlehrerkonferenz thematisieren, dann Pädagogische Tage veranstalten und/oder Kollegen gezielt auf Fortbildungen schicken. Man kann die Fachschaften einbinden und etwa die Erstellung von Unterrichtseinheiten, die bestimmte Kriterien (etwa zieldifferentes Unterrichten) erfüllen, vereinbaren. Das kann und sollte man alles tun – und man kann es wirkungsvoller, gezielter tun, wenn man verlässliche Erkenntnisse über das Unterrichten einzelner Lehrer und eine präzisere Datenbasis hat. Ansonsten wird eine nicht vorhandene Gleichheit des Unterrichtens und der Unterrichtsqualität aller Lehrer angenommen. Eine gute Informationslage, eine bessere Kenntnis der Arbeit der einzelnen Kolleginnen und Kollegen erlaubt, zielgenau in die Unterrichtsentwicklung einzusteigen. Dann können auch im Bedarfsfall datenbasierte Zielvereinbarungen mit einzelnen Kollegen getroffen werden, die unter Umständen gezielte Angebote (Fortbildung, Coaching) beinhalten und nach angemessener Zeit eine objektive Überprüfung ermöglichen. Dieses Vorgehen in Sachen Unterrichtsentwicklung ist eher die Ausnahme. Meist wird nach dem Gießkannenprinzip (und der unterstellten Gleichheit der Kollegen) verfahren.

Evaluation

Evaluationen und die daraus gewonnenen Daten sind ein wichtiges Steuerungsinstrument für die Schule, und das nicht nur – etwa durch die Vergleichsarbeiten – auf den unmittelbaren Unterricht bezogen. Die regelmäßige, das heißt am besten wiederholende Evaluation (man spricht im Zusammenhang der Qualitätssicherung auch von Evaluationszyklen) sollte also Standard sein. Allerdings kann man auch hier auf beiden Seiten vom Pferd fallen. Niemand an der Schule – am wenigsten dem Schulleiter – ist mit einer allzu großen Fülle an Daten gedient. **Evaluationen machen nur insoweit Sinn, als man die Kraft und die Ressourcen hat, aus den Ergebnissen Konsequenzen zu ziehen.** Die praktische Konsequenz geht deshalb in die Richtung, in jedem Schuljahr nur relativ wenig (aber Dinge, über die man wirklich Bescheid wissen möchte) zu evaluieren (Fokusevaluation). Sinnigerweise erstellt man dann einen Evaluationsplan über drei bis fünf Jahre. Dann sollte mit geringfügigen Änderungen ein neuer Zyklus beginnen. In größeren Abständen kann durchaus auch einmal eine Rundum-Evaluation stattfinden, allerdings sollte man dann bei der Auswertung wieder einen Fokus auf besonders drängende Bereiche legen. Es ist hilfreich, für die Evaluationsarbeit eine kleine, ständige Arbeitsgruppe zu haben, die entsprechend der vereinbarten Grundsätze – zwar in ständiger Rücksprache mit der Schulleitung und der Gesamtlehrerkonferenz – weitgehend selbstständig arbeitet.

Schul- und Unterrichtsentwicklung wohin?

Es gibt einige bundesweite Trends, die in den kommenden Jahren die Agenda der Schulentwicklung mitbestimmen werden. Die einzelnen Schulen werden früher oder später und sicher auch mit regionalen Unterschieden mehr oder weniger intensiv davon betroffen sein. Natürlich gibt es auch Schulen, die manche dieser Entwicklungen bereits antizipiert und sich entsprechend aufgestellt haben.

Regionale Schulentwicklung

Der demografische Wandel, das heißt die nahezu überall rückläufigen Schülerzahlen, geht an den Schulen nicht spurlos vorbei. Betroffen sind Grundschulen, aber auch weiterführende Schularten. Nach Jahren des Wachstums werden manche Schulen sich verkleinern. Hier wird es darauf ankommen, kleinere Schülerzahlen aktiv in ein Qualitätsplus umzumünzen (etwa durch veränderte Raumkonzepte). Darüber hinaus werden nicht mehr alle Angebote in der Fläche aufrechterhalten werden können. Zahlreiche Schulschließungen sind bereits vollzogen, in anderen Regionen steht die Entwicklung erst am Anfang. Schulschließungen auf der einen Seite und die Weiterentwicklung anderer Schulen zu regionalen Anbietern zeichnen sich ab. Dabei kämpft zunächst jede Schule und jede Kommune um den Erhalt ihres Standorts. Schließung von Schulen, Fusionierung und auch die Neuausrichtung sind große Herausforderungen. Kolleginnen und Kollegen, die sich nach einer Schulschließung oft entwurzelt fühlen, müssen zusammengeführt werden. Mitunter geht die regionale Schulentwicklung auch mit schulstrukturellen Veränderungen einher: Es werden Schulverbünde gegründet oder Gemeinschaftsschulen. Das bedeutet Jahre des Aufbaus, der Neuorientierung. Den Schulleitungen kommt in diesem Zusammenhang eine herausragende Bedeutung zu.

Ganztag

Die deutschen Schulen sind traditionell als Halbtagsschulen konzipiert. In den meisten Ländern sind Schulen traditionell Ganztagseinrichtungen. Der Trend zur Ganztagsschule hat mittlerweile in Deutschland eingesetzt. Die Umstellung – weil teuer – vollzieht sich langsam und nicht ohne Friktionen (Ganztagsschule mit den Mitteln der Halbtagsschule, unklare Zuständigkeits- und Finanzierungsfragen zwischen Land und Kommunen, fehlende Multiprofessionalität etc.). Doch der Trend zur Ganztagsschule ist unaufhaltbar. Die zunehmende (und in den meisten Fällen wirtschaftlich notwendige) Berufstätigkeit beider Elternteile, aber auch Fragen der Bildungsgerechtigkeit sind dafür verantwortlich. Aus Schulleitungssicht erweitert eine Ganztagsschule den Verantwortungsbereich und das Aufgabenfeld deutlich. Die sinnvolle Strukturierung des Ganztags, zusätzliche Professionen (Sozialpädagogen), Kooperationen mit Vereinen und Ehrenamtlichen, die Mensa und andere Dinge müssen organisiert werden. In der Aufbauphase sind es insbesondere auch schularchitektonische Fragen (Neubauten und Umbauten entsprechend den Bedürfnissen des Ganztags), die gelöst werden müssen. Mehr noch als in der Halbtagsschule stellt sich die Frage nach der Schule als attraktivem Lebensort.

Umgang mit Heterogenität

Schulen haben traditionell eine Sozialisationsfunktion. Jugendliche werden auf die Gesellschaft vorbereitet, in ihr Regelwerk eingeführt. Schule verlangt in hohem Maße Anpassungsleistungen. Schulen sollen aber auch die Schülerinnen und Schüler in ihrer Unterschiedlichkeit sowohl im Hinblick auf ihr Leistungsvermögen als auch ihre Interessen fördern. Das steht heute mehr denn je auf der Agenda. Individualisierende Leistungsfeststellungen werden zunehmend auch zieldifferenten Unterricht erfordern, möglichst auf unterschiedlichen Niveaustufen. Das setzt aufseiten der Lehrkräfte Kompetenzen voraus, entsprechende Arrangements zu treffen, bis hin zu sogenanntem Werkstattunterricht, der dann den schulischen Alltag der Schülerinnen und Schüler mehr oder weniger prägt. Schulen entsprechend umzusteuern bedeutet, komplexe Schulentwicklungsprozesse anzustoßen und erfolgreich zu machen.

Reflexivität von Unterricht

Die Akzeptanz von Heterogenität und die Professionalisierung im Umgang mit Heterogenität sind eng verbunden mit einer erhöhten Reflexivität von Unterricht. Zum einen gilt es, die Schülerinnen und Schüler in ihrer Individualität wahrzunehmen, ihnen entsprechendes Feedback zu geben (auch über individuelle Veränderungen), zum anderen aber auch sich klarer zu werden über die Wirkung von Unterricht und der Lehrkräfte.

Das erfordert entsprechende Feedbacksysteme. Den Schülerinnen und Schülern ihr eigenes Lernen sichtbar zu machen (Was habe ich gelernt? Wie habe ich gelernt?), ist eine Aufgabe der Schulentwicklung, in die nach Möglichkeit alle Kolleginnen und Kollegen eingebunden sein sollten (Hattie 2014). Zum einen geht es dabei um neue Formen der Leistungsrückmeldung und Lernstanderhebung (Portfolio, Lerntagebuch etc.), zum anderen tatsächlich um eine erhöhte Reflexivität durch kontinuierliche Rückmeldungen an die Schülerinnen und Schüler zum Teil auch in Einzelgesprächen. Es gibt inzwischen Schulen, die über Sprechstunden für die Schüler nachdenken oder Coaching-Systeme für die Schülerinnen und Schüler aufbauen. Um den Kolleginnen und Kollegen ihre eigene unterrichtliche Tätigkeit und deren Wirkung sichtbar zu machen, können kollegiale Hospitationen Sinn machen. Aber auch das regelmäßige Einholen von Feedback vonseiten der Schüler sollte Standard sein.

Aufbau inklusiver Kompetenz

Beim Aufbau inklusiver Kompetenz hinken die deutschen Schulen hinterher. Ein traditionell gut ausgebautes und gut aufgestelltes und differenziertes Sonderschulwesen – allerdings um den Preis der Separierung – prägt das deutsche Modell. Seit dem Inkrafttreten (2008) des Übereinkommens über die Rechte von Menschen mit Behinderungen gibt es in Deutschland nicht nur eine Inklusionsdebatte, sondern es werden Schritt für Schritt die Weichen so gestellt (bis hin zur Änderung der Schulgesetze), dass Inklusion möglich wird. Dabei sind viele Fragen offen. Woher kommt die sonderpädagogische Fachlichkeit in den weiterführenden Schulen? Wie kann ein konsequent zieldifferenter Unterricht (etwa bei geistiger Behinderung) sinnvoll stattfinden? Wie lässt sich Inklusion so gestalten, dass sowohl die Schülerinnen und Schüler mit als auch jene ohne Behinderung profitieren? Wird es schulische Zentren geben mit Spezialisierungen im Hinblick auf spezifische Behinderungen? Auch wenn viele Fragen noch offen bleiben, so werden die einzelnen Schulen aufgrund dezidierten Elternwillens sich zunehmend mit Inklusionsfällen konfrontiert sehen und vor Ort Lösungen finden müssen.

Kompetenter Umgang mit Hochleistenden

Auch Hochleistende und Schülerinnen und Schüler mit hoher Begabung bedürfen der besonderen Aufmerksamkeit. Sie weitgehend im regulären Unterricht in ihrer Klasse zu halten, kann auch als eine Form der Inklusion beschrieben werden. Ihre besonderen Kompetenzen müssen auf der einen Seite entdeckt bzw. diagnostiziert, auf der anderen Seite ausreichend gewürdigt werden. Würdigung in diesem Zusammenhang bedeutet, sie mit herausfordernden und entsprechend anspruchsvollem fachlichen Material und Aufgaben zu versorgen und in ihrer Arbeit zu betreuen. Hilfreich ist es aber auch, ihnen innerhalb der Schule Verantwortungsbereiche zu übertragen (sie zum Beispiel zu Mentoren auszubilden) und sie nach Möglichkeit auch außerhalb ihrer Klasse einzusetzen.

Integration von Schülerinnen und Schülern mit Migrationshintergrund

Die Integration von Schülerinnen und Schülern mit Migrationshintergrund an deutschen Schulen ist im Großen und Ganzen ausbaufähig. Je nach Schulstandort und teilweise auch in Abhängigkeit von der Schulart stellt sich die Herausforderung in unterschiedlicher Intensität. Unabhängig von der politischen Frage der Ressourcen (die in den Bundesländern diesbezüglich nicht ausreichend vorhanden sind) ist es aber auch eine Frage des Augenmerks und der Schulkultur, wie man sich vor Ort aufstellt.

Stärkung überfachlicher Kompetenzen

Das Hauptaugenmerk – eng verbunden mit dem Selbstverständnis – der Schulen liegt in den weiterführenden Schulen auf dem fachlichen Lernen. Dieses muss auch in Zukunft einen hohen Stellenwert behalten. Dennoch ist auch das von den Bildungsplänen geforderte nichtfachliche und überfachliche Lernen an den Schulen nachhaltig zu fördern. In den meisten Fällen führt das überfachliche Lernen immer noch ein Nischendasein. Konkret geht es dabei um die Stärkung zum Beispiel von Haltungen wie Neugier, Eigenverantwortlichkeit, Verantwortungsbereitschaft, Teamfähigkeit, Fähigkeit zur Selbststeuerung und Demokratiefähigkeit. Es ist Aufgabe von Schulleitung, innerschulisch und unterrichtlich Arrangements zu treffen, die die Entfaltung dieser Dispositionen in nachhaltiger Weise fördern. Da die überfachlichen Kompetenzen weniger kognitiv (also auch schwer abprüfbar und messbar) sind, sondern auf Haltungen und Einstellungen zielen, und auch in den Lehramtsstudiengängen, die nach wie vor fachlich orientiert sind, nur rudimentär vorkommen, ist die Herausforderung für Schulleitungen, hier klare Akzente zu setzen, sehr groß. Beispielhaft seien einige Möglichkeiten genannt, wie das geschehen kann: breite Unterstützung der Arbeit der Schülermitverantwortung (SMV) durch die Schulleitung; Aufbau von Rückmeldesystemen zum sozialen Lernen; Thematisierung des sozialen und überfachlichen Lernens in Klassen- und Zeugniskonferenzen und Ausgabe entsprechender Bescheinigungen.

Adaption neuer Medien

Der Medienkonsum der Schülerinnen und Schüler in den zurückliegenden Jahren hat sich dramatisch gewandelt. Die Selbstverständlichkeit der neuen Medien erscheint unumkehrbar. Die längerfristigen Auswirkungen dieses Wandels (Bedeutungszunahme von Rankings bei gleichzeitigem Bedeutungsverlust von rationalen Urteilen) innerhalb der Gesellschaft sind noch wenig abschätzbar. Das stellt die Schulen vor große Herausforderungen. Auch in den Schulen haben die neuen Medien längst Einzug gehalten. Allerdings sind die Unterschiede in der technischen Umsetzung zwischen einzelnen Schulen sehr groß. Auch hier wird die Entwicklung von Whiteboards über Tablets unaufhaltsam voranschreiten. Die Innovationszyklen werden kürzer, die immer begrenzten schulischen Investitionsmittel müssen neu kanalisiert werden.

Arbeit mit Checklisten und Schulhandbuch

Zu einer gut verwalteten und entsprechend geführten Schule gehören auch Serviceleistungen für die Kolleginnen und Kollegen (die ihnen helfen sollen, ihre Kraft so weit wie möglich dem Kerngeschäft, der Interaktion mit den Schülern, zu widmen). Serviceleistungen sollen insbesondere helfen, komplexe Aufgaben – und diese dann durchaus im Sinne der Schule und nicht einfach irgendwie und jeder Kollege anders – zu bewältigen. Dabei geht es nicht um die täglichen Routinen, sondern eher um Anlässe mit jährlicher Wiederkehr. Hier empfiehlt es sich durchaus, Verfahrensabläufe zu verschriftlichen oder – noch besser – ganz pragmatische Checklisten zur Verfügung zu stellen. Diese Checklisten (sie müssen allerdings jährlich gepflegt, aktualisiert werden) können in einem allen Kollegen zugänglichen Handbuch im Lehrerzimmer oder auf einer internen Onlineplattform der Schule hinterlegt sein. Checklisten bieten sich an für die Klassenlehrer, für Elternabende, für Klassenfahrten, für Schullandheime, für Studienfahrten etc. In Acht nehmen sollte man sich vor allzu großer Regelungswut. Längst nicht jeder Vorgang muss verschriftlicht oder gar normiert werden. Hier ein Beispiel einer Checkliste für den ersten Elternabend (Klassenpflegschaftssitzung) im Schuljahr. Das Beispiel zeigt einerseits die Komplexität, andererseits auch, wie sich Checklisten als wichtiges Steuerungsinstrument – und insofern gehen sie über den Service und Schulverwaltungsaspekt deutlich hinaus – auch gestaltend einsetzen lassen.

Beispiel einer Checkliste für Elternabende			
Nr.	**Inhalt**	**Anmerkungen**	
1	**Schulprofil/Schulprogramm** Bitte je nach Klasse auf die relevanten Aspekte (Kursangebote, Hausaufgabenbetreuung, Sportprofil etc.) eingehen		
2	**Schul- und Hausordnung** Bitte auf die Schul- und Hausordnung hinweisen, an deren Erarbeitung zahlreiche Eltern intensiv beteiligt waren. Themen der Schul- und Hausordnung, die für die Eltern relevant sind, besonders hervorheben. Die Zielsetzung der Schul- und Hausordnung transparent machen und die Eltern um ihre Unterstützung bei der Umsetzung bitten.	Kl. 5: Kenntnisnahme der Schul- und Hausordnung unterschreiben lassen (siehe Formblatt)	
3	**Umgang mit ausgeliehenen Büchern** Bitte weisen Sie die Eltern darauf hin, dass mit den ausgeliehenen Schulbüchern pfleglich umzugehen ist. Die Bücher sind mit dem Namen zu versehen und sorgfältig einzubinden. Die Bücher werden am Ende des Schuljahres kontrolliert. Schäden an Büchern werden zum Schuljahresende in Rechnung gestellt.	**Sehr wichtig!**	
4	**Keine Beurlaubung vor Ferienabschnitten** Bitte darauf hinweisen, dass vor Ferienabschnitten keine in irgendeiner Weise ferienverlängernden Beurlaubungen beantragt werden können!		
5	**Referendare** Bitte weisen Sie die Eltern darauf hin, dass die Schule Ausbildungsschule für Referendare im 1. und 2. Ausbildungsabschnitt ist. Bitte informieren Sie in groben Zügen über den Aufbau der Ausbildung (nichtselbstständiger und selbstständiger Unterricht). Bitte machen Sie deutlich, dass die Referendare eine Bereicherung für die Schule sind.		
6	**Schuljahresplanung** Bitte auf die Schuljahresplanung hinweisen, insbesondere auf Termine wie Elternsprechtag, Runder Tisch etc. Ebenso besondere Veranstaltungen der Klasse (Austausche, Klassenfahrten, Schullandheim, BOGY etc.).		

Nr.	Inhalt	Anmerkungen	
7	**Förderverein** Es gibt einen Förderverein an der Schule, von dem die Schule und einzelne Schüler immer wieder sehr profitieren. Bitte laden Sie herzlich zur Mitgliedschaft ein!	Anmeldeformulare mitnehmen!	
8	**Hinweis auf Zuschussmöglichkeiten zu Klassenfahrten** Anträge gehen vertraulich an den Förderverein.		
9	**Homepage der Schule** Auf die Homepage der Schule und ihre besonderen Informationsmöglichkeiten (z. B. Vertretungsplan) hinweisen.		
10	**Mensa** Eltern auf die Möglichkeit, in der Mensa zu essen, hinweisen. Essenvorbestellung erfolgt im Internet (zuhause oder an PC in der Schule). Teilnahme am Mittagstisch nur nach Erteilung einer Abbuchungsermächtigung an die Gemeinde (über Sekretariat der Schule) möglich.		
11	**Sozialregelung beim Mittagstisch** Eltern, die bestimmte Voraussetzungen erfüllen (Wohngeldbezieher, Sozialhilfe etc.), können auf Antrag den ermäßigten Mensapreis (€ 1.-) für das Tellergericht bewilligt bekommen. Die Antragstellung erfolgt gegenüber der Gemeinde im Sekretariat der Schule.		
12	**Müllvermeidung** Mitwirkung der Eltern dringend erwünscht! Auf Möglichkeiten der Müllvermeidung hinweisen!		
13	**Umgang mit Handys** Auf die von einem gemeinsamen AK vorbereitete Beschlusslage hinweisen und um Unterstützung der Eltern werben.	**Wichtig!**	

Partner und Gremien

Kommune/Schulträger

In der Regel sind die Kommunen (auch Landkreise) Träger der Schule. Als Träger sind sie Anstellungsträger für das nichtlehrende Personal. Gleichzeitig sind sie für Schulbau, Instandhaltung und die sächliche Ausstattung der Schule zuständig. Damit sind einige Schnittmengen zwischen Schule und kommunalem Träger gegeben, die seitens der Schulleitung kluges Vorgehen und gegebenenfalls Verhandeln erfordern. Je nach Größe der Kommune hat man es mit unterschiedlichen Ansprechpartnern zu tun (Finanzabteilung, Bauamt, Bürgermeister, Bildungsbürgermeister, Gemeinderat).

Strittig können sein: Die Zahl der Sekretariatsstunden und die Vergütung der Sekretärinnen. Hier kann es hilfreich sein, über längere Zeit den Arbeitsaufwand und die Art der Tätigkeiten – das ist für die Eingruppierung wichtig – zu dokumentieren. Hilfreich kann auch sein, sich an anderen Schulen umzuhören und nach der Relation der Sekretariatsstunden zur Schülerzahl und nach der Eingruppierung zu fragen. Ähnliches gilt für den Reinigungsbereich, der für eine Schule (Wohlbefinden von Lehrern und Schülern, Eindruck auf Besucher) enorme Bedeutung hat. Viele Kommunen sind aus Kostengründen dazu übergegangen, die Schule von Reinigungsfirmen reinigen zu lassen. Aus schulischer Sicht ist der Reinigung durch fest angestellte Reinigungskräfte unbedingt der Vorzug zu geben. Lässt man ihnen Anerkennung für ihre Arbeit zukommen, sind sie stolz auf die Sauberkeit an »ihrer« Schule. Dasselbe gilt auch für die Hausmeister. Aus den Landesmitteln, die die Kommune zur Erfüllung ihrer schulischen Aufgaben erhält, gibt sie einen Teil an die Schule weiter. Die meisten Schulen haben mittlerweile mit dem Schulträger eine Budgetierung ausgehandelt, das bedeutet, dass die Schule über den zugewiesenen Betrag frei verfügen kann (soweit es sich nicht um einzelne größere Ausgaben handelt, die unter Umständen eine Ausschreibung erfordern). Auch bei einer Budgetierung gilt es in zweierlei Hinsicht achtsam zu sein: Wie viel Prozent des Sachkostenzuschusses werden seitens der Kommune an die Schule als Budget weitergegeben? Dieser Betrag variiert von Schule zu Schule. Auch hier kann es ratsam sein, sich vor einer Verhandlung mit dem Schulträger umzuhören. Und dann kommen Abgrenzungsfragen hinzu: Was muss aus dem Budget der Schule bezahlt werden, wofür ist die Gemeinde direkt zuständig? Auch das ist mit der Kommune auszuhandeln und am besten schriftlich festzuhalten. Restliche Haushaltsmittel sollten auch zu Ende des Kalenderjahres nicht verfallen, sondern in den neuen Haushalt übertragen werden können. Ohne diese Regelung besteht die Gefahr, dass Geld am Ende des Kalenderjahres suboptimal ausgegeben wird. Mit der Kommune kann man auch den Aufbau einer Rücklage, die aus dem Schuletat angespart wird, vereinbaren. Das schafft die Möglichkeit, im Bedarfsfall auch größere Investitionen tätigen zu können.

Sekretariat

Das Sekretariat hat – nicht nur in räumlicher Hinsicht – an jeder Schule eine zentrale Stellung. Die Sekretärin (je nach Größe der Schule können es auch mehrere sein) ist für viele Anliegen von innen und außen die erste Anlaufstelle. Lehrer, Schüler, Eltern, Vertreter geben sich die Klinke in die Hand. Ununterbrochen klingelt am Schulvormittag das Telefon. Meist kennt die Sekretärin alle Partner der Schule und so ziemlich alle Schülerinnen und Schüler. Ist sie schon mehrere Jahre an der Schule, verfügt sie über eine Fülle von Informationen zu Personen und Abläufen, vielfach ist sie das lebende Gedächtnis der Schule. In ihrer exponierten Stellung trägt sie auch erheblich zur Außenwirkung der Schule bei. Sie ist unmittelbare Mitarbeiterin, rechte Hand der Schulleitung, was absolute Loyalität und Verschwiegenheit notwendig macht. Je mehr sie selbstständig zu arbeiten in der Lage ist, desto mehr trägt sie zur Entlastung der Schulleitung bei. In vielen Fällen wissen nur die Sekretärinnen über bestimmte Abläufe und Verfahren (z.B. Ablage, Archiv) Bescheid. Es empfiehlt sich daher (das ist wichtig für Krankheits- und Vertretungsfälle, aber auch bei einem eventuellen Personalwechsel), ein Sekretariatshandbuch anlegen zu lassen, in dem – nach Stichworten oder im Jahresverlauf – die wichtigsten Abläufe und Organisationsstrukturen (einschließlich von Zugangsdaten und Passwörtern von schulisch genutzten Programmen) ausreichend detailliert beschrieben sind, sodass gegebenenfalls auch eine Ersatzkraft die schulischen Routinen aufrechterhalten kann. Investitionen in die Arbeit der Sekretärin (Qualifikation, Arbeitsplatz etc.) und gute Zusammenarbeit (Transparenz, Zeit für Absprachen) zahlen sich aus. Dass bei Neubesetzungen größte Sorgfalt bei der Personalauswahl geboten ist, versteht sich von selbst.

Eltern

Schüler zu unterrichten heißt auch, es mit Eltern zu tun zu haben. Wie man seit einigen Jahren weiß, hängt der schulische Erfolg von Kindern zum großen Teil vom Elternhaus (dem sehr unterschiedlichen ökonomischen, kulturellen und sozialen Kapital) ab. Eltern möglichst aus der Schule herauszuhalten, ist eine veraltete, aber immer noch weitverbreitete Einstellung. Natürlich ist die Elternschaft so vielfältig, wie es die Schüler und auch die Kollegien sind. **Dass es auch schwierige Eltern gibt, ist normal und beweist nicht, dass Eltern an sich schwierig wären.** Manchmal sind schwierige, frustrierte Eltern auch die Folge einer wenig transparenten und auf Zusammenarbeit angelegten Elternarbeit der Schule. Dabei kann die Schule von einer guten und vertrauensvollen Zusammenarbeit mit den Eltern in vielfacher Hinsicht profitieren.

Einige Hinweise zur gelingenden Kooperation von Elternhaus – Schule sind im Folgenden aufgeführt.

- Transparenz des schulischen Tuns schafft Vertrauen und Verständnis.
- Verlässlichkeit, Pünktlichkeit schaffen Akzeptanz und Achtung vor der Professionalität.
- Mitwirkungsmöglichkeiten, wo diese sinnvoll und möglich sind, binden in die Verantwortung ein und machen die Schule zu einem gemeinsamen Projekt.
- Zufriedene Eltern reden gut über die Schule, was zum guten Ruf der Schule und manchmal zu entsprechendem Zulauf beiträgt.
- Eltern, die von der Schule Wertschätzung erfahren, begegnen ihrerseits der Schule und der Lehrerschaft mit Wertschätzung, eine Haltung, die sich auch auf die Kinder überträgt und die Leistungsbereitschaft erhöht.
- Elternbildung (im Hinblick auf bildungsferne Eltern – zum Beispiel Eltern mit Migrationshintergrund – ebenso schwierig wie notwendig!), die noch von wenigen Schulen als Handlungsfeld erkannt wird, kann Konsistenzeffekte im Hinblick auf Bildung und Erziehung haben, die helfen, der Schule eine klare Richtung zu geben und die Wirksamkeit insgesamt zu erhöhen.

Das sind hehre, aber gleichwohl wichtige Ziele, wenn man schulischen Erfolg am Wohl und Erfolg der Kinder definiert. Es kann sein, dass man mit Übernahme der Verantwortung für eine Schule zunächst mühsame Basisarbeit leisten und eingefahrene Frontstellungen überwinden muss. Und eine gute Elternarbeit bleibt – auch nach Jahren im Amt – eine immer neue Herausforderung. Leider ist es so, dass Rückschläge und Pannen mühsam Aufgebautes oft wieder einreißen und nachhaltiger wirken als im Lauf der Jahre erzielte Fortschritte (»Bad is stronger than Good«). Das liegt zu einem erheblichen Teil an den vielfältigen und autonom verlaufenden Kommunikationen, wie sie ein komplexes soziales System wie eine Schule kennzeichnen, und an der Heterogenität der Akteure auf beiden Seiten. Die Elternarbeit bzw. Erziehungspartnerschaft an einer Schule weiterzuentwickeln und zu pflegen, ist eine Schulleitungsaufgabe, die sehr viel Einfühlungsvermögen und Fingerspitzengefühl und viele Gespräche notwendig macht.

Stellvertretender Schulleiter

Als Schulleiter hat man einen Stellvertreter. Im Idealfall versteht man sich als Team (partnerschaftlich, auf Augenhöhe – insofern ist dieses Buch von der ersten bis zur letzten Seite auch ein Buch für die Stellvertreter), das gemeinsam die Schule leitet. Jeder bringt seine Wahrnehmung (zwei Personen sehen mehr als eine) und seine Ideen ein. Der Geschäftsverteilungsplan sieht vor, welche Aufgaben vom Schulleiter und welche vom Stellvertreter wahrgenommen werden. Ist der Schulleiter allerdings abwesend oder verhindert (z. B. längerfristig krank), übernimmt der Stellvertreter das komplette Aufgabenspektrum des Schulleiters, wobei er bei längeren Fehlzeiten des Schulleiters oder einer Vakanz seinerseits Aufgaben an Kollegen delegieren kann. Das bedeutet aber, dass der Stellvertreter mit allem, was der Schulleiter tut, sehr vertraut sein sollte. Im Idealfall – und jeder Schulleiter sollte sich intensiv bemühen, sich diesem soweit es an ihm liegt anzunähern – ist die Zusammenarbeit zwischen Schulleiter und Stellvertreter sehr eng und vertrauensvoll, wertschätzend und sich gegenseitig ergänzend. Vertrauen entsteht in meist langjähriger Zusammenarbeit und durch zahlreiche Gespräche. Tägliche kurze Absprachen machen Sinn, sodass beide, Schulleiter und Stellvertreter, in allen wesentlichen Fragen auf dem gleichen Stand sind. Manche Kollegen bevorzugen lieber etwas niederschwelliger mit dem Stellvertreter als mit dem Schulleiter über ihre Anliegen zu sprechen. Um hier nicht ausgespielt zu werden und immer eine Sprache sprechen zu können, ist der schnelle Informationsfluss wichtig. Vertrauen entsteht vor allem auch durch das gemeinsame Treffen von allen wichtigen Entscheidungen. Diesen gehen in der Regel intensive und sehr offene Beratungen voraus, weil in diesem Zweierteam nicht nur ins Unreine gedacht werden, sondern auch Frust und Ärger abgebaut und insgesamt sehr ungeschützt geredet werden kann. Wenn an einer Schule die Voraussetzungen für diesen offenen und vertrauensvollen Umgang fehlen (was leider aus verschiedenen Gründen gar nicht so selten vorkommt), muss man dennoch einen professionellen Standards genügenden Modus Vivendi finden. Dann sind klare Vereinbarungen und Absprachen (wer wofür zuständig ist, wer was sagt etc.) wichtig. Es ist davon auszugehen, dass viele Stellvertreter gern vertrauensvoll eingebunden wären. In manchen Fällen vergeben sich die Schulleiter die Chance (und auch die damit verbundene Entlastung) der vertrauensvollen Zusammenarbeit, indem sie nicht offen genug auf die Stellvertreter zugehen.

Das Schulleitungsteam

An größeren Schulen gibt es in der Regel ein Schulleitungsteam. Die Zahl der Mitglieder über den Schulleiter und Stellvertreter hinaus orientiert sich an der Größe der Schule. An Gymnasien und beruflichen Schulen sind es die A-15er oder Abteilungsleiter, die in der Regel zum Schulleitungsteam gehören. Das Team sollte sich regelmäßig treffen, am besten wöchentlich (unter Umständen ist im Stundenplan eine gemeinsame Schiene frei zu blocken). Auch im Schulleitungsteam geht es um einen offenen, vertrauensvollen Austausch aller wichtigen, aktuellen Informationen und Einschätzungen. Zum anderen werden Aufgaben und Verantwortlichkeiten immer wieder neu verteilt, auch wenn die einzelnen Mitglieder fest zugewiesene Geschäftsbereiche bzw. Zuständigkeiten haben. Im Schulleitungsteam ist es wichtig, klare Absprachen zu treffen: Wer macht was bis wann? Die Mitglieder sollten alle vertraut und erfahren sein in Projektmanagement. Im Team berichten sie vom Stand der laufenden Projekte. Rückdelegationen sollten in aller Regel nicht vorkommen. Der Schulleiter darf sich nicht in die von Kollegen übernommenen Projekte einmischen, vor allem nicht spontane Entscheidungen an ihnen vorbei treffen, sondern muss die vereinbarten Zuständigkeiten und Verantwortlichkeiten respektieren. Das stärkt die Position der Teammitglieder.

Ein gut zusammenarbeitendes Schulleitungsteam – manchmal braucht man Jahre, um es zu formen – ist eine große Bereicherung. Wichtig ist die offene und kontroverse Diskussion im Team (während dann nach außen oder in der Gesamtkonferenz eher Geschlossenheit gefragt ist). Die Teammitglieder sind tiefer im Kollegium verankert als der Schulleiter, sie erteilen selbst mehr Unterricht und haben von daher Wahrnehmungen, die dem Schulleiter so nicht mehr zur Verfügung stehen. Er ist also gut beraten, das aufzunehmen. Auf der anderen Seite erreichen die Teammitglieder, die intensiver als vielleicht der Schulleiter im Dialog mit den Kollegen stehen, diese besser und authentischer. Gerade in wichtigen Schulentwicklungsphasen kommt dem Schulleitungsteam also eine herausgehobene Bedeutung zu.

Arbeit mit Lenkungsgruppen

Größere Schulen arbeiten gern – und sinnvollerweise – auch mit einer Lenkungsgruppe. Lenkungsgruppen können allerdings unterschiedlich verstanden werden und konzipiert sein. In den meisten Fällen ist die Lenkungsgruppe, der neben der Schulleitung auch unterschiedliche Kollegen (wenn man so möchte, ein erweitertes Schulleitungsteam) angehören, eine Gruppe mit dem Auftrag, bestimmte, konkret benannte, aber in der Regel größere Schulentwicklungsprojekte zu steuern bzw. zu managen. Das ermöglicht ein hohes Maß an Professionalität und schafft auch Akzeptanz bei der Umsetzung von größeren Vorhaben. Lenkungsgruppen sind auch eine gute Gelegenheit für junge, engagierte und talentierte Kollegen, sich verantwortlich einzubringen, Erfahrungen in einem größeren Team und im Projektmanagement zu sammeln. So verstandene Lenkungsgruppen können sich in ihrer Zusammensetzung auch immer wieder wandeln. Wichtig ist, dass sie mit einem klaren Auftrag bzw. Mandat und der entsprechenden Handlungskompetenz von der Gesamtlehrerkonferenz ausgestattet werden.

Lenkungsgruppen können aber auch anders definiert sein. Sie können ihre Hauptaufgabe darin sehen, regelmäßig zu schauen, wo die Schule gerade steht (Positionsbestimmung) und gleichzeitig den bildungspolitischen und gesellschaftlichen Horizont im Hinblick auf Veränderungen und Trends scannen, um dann entsprechende Einschätzungen und Handlungsempfehlungen für Schulentwicklungsschritte vorzuschlagen. Auch diese Form von Lenkungsgruppe sollte grundsätzlich für alle interessierten Kollegen offenstehen, aber insgesamt nicht mehr als acht bis fünfzehn Personen umfassen. Diese Art von Lenkungsgruppe hat kein Handlungsmandat und keine Entscheidungskompetenz, sondern macht Vorschläge. Insofern können auch Eltern- und Schülervertreter mitwirken (was den Horizont erweitert und breite Akzeptanz schafft!). Allerdings ist die Vernetzung der Mitglieder der Lenkungsgruppe insbesondere mit dem Kollegium sehr wichtig. So kann die Lenkungsgruppe die Stimmung und Befindlichkeiten in der Lehrerschaft aufnehmen, aber auch in Sachen Meinungsbildung deutliche Impulse in die Lehrerschaft tragen – und das eben nicht nur auf dem offiziellen Weg über die Konferenz. Zwei bis drei Treffen der Lenkungsgruppe im Jahr reichen aus. Dabei bewährt es sich, mindestens ein Treffen als Klausurtag außerhalb der Schule anzusetzen, um mit ausreichend Zeit und dem nötigen Abstand über die Schule und ihren Kurs nachzudenken. Allerdings benötigt ein Klausurtag eine sorgfältige Planung bzw. Strukturierung. Zwischen den Sitzungsterminen – also im Grunde das ganze Jahr über – können die Mitglieder der Lenkungsgruppe per E-Mail in Kontakt bleiben. Es ist sinnvoll, sich gegenseitig bestimmte Lektüren zu empfehlen oder bestimmte Bücher mit der Bitte um Berichterstattung von Mitgliedern lesen zu lassen. Auch Besuche an anderen Schulen und das Kennenlernen besonderer Konzeptionen ist eine naheliegende Möglichkeit für Lenkungsgruppen über den eigenen Zaun hinauszuschauen.

Fachschaften

Den Fachschaften – weniger an den Grundschulen, aber an den weiterführenden Schulen, insbesondere den Gymnasien – kommt eine zentrale Bedeutung zu. Als Schulleiter ist man gut beraten, sich der Rolle der Fachschaften bewusst zu sein und mit den Fachschaften bei der Entwicklung der Schule und bei der Sicherung der unterrichtlichen Qualität zusammenzuarbeiten. Vor allem in größeren Schulen kann nicht jeder Kollege einzeln geführt werden, sondern es bedarf mittelnder Ebenen. Hier spielen die Fachschaften eine nicht unwichtige Rolle (können diese allerdings auch in negativer Hinsicht spielen). Fachschaftsvorsitzende – ob sie das selbst so sehen wollen oder nicht – haben eine Führungsrolle inne. In ihrer Funktion sollen sie gestärkt und an die Schulleitung angebunden sein.

Umgang mit dem Personalrat

Der Personalrat ist die gesetzlich verankerte Mitarbeitervertretung einer Schule, eine wichtige Einrichtung. Der Umgang der Schulleitung mit dem Personalrat sollte von Sorgfalt und Wertschätzung und der Erwartung konstruktiver Zusammenarbeit geprägt sein. Die Mitglieder des Personalrats werden aus der Mitte des Kollegiums gewählt. Die Zahl der Mitglieder und die Höhe der Freistellungsstunden für die Personalratstätigkeit hängen von der Größe des Kollegiums ab. Die Rechte des Personalrats (von Anhörung bis Mitbestimmung) sind gesetzlich definiert. Als Schulleiter ist man gut beraten, sich hier gut auszukennen, um sich nicht von Fall zu Fall vom Personalrat belehren lassen zu müssen. Dem Personalrat gegenüber empfiehlt sich ein zuvorkommendes, proaktives Verhalten: Hierzu gehören regelmäßige gemeinsame Sitzungen (diese am besten gleich in der Schuljahresplanung für das ganz Jahr im Voraus terminieren). Bei diesen Sitzungen können alle aktuellen Probleme angesprochen werden; darüber hinaus kann man dem Personalrat aktuelle Informationen zu allen schulischen Entwicklungen und Themen geben und ihn auf diese Weise vertieft einbeziehen. Nur ein gut informierter Personalrat kann konstruktiv sein. Ein schlecht informierter Personalrat fühlt sich zu Recht abgewertet und daran gehindert, die Entwicklung der Schule konstruktiv zu begleiten – und dabei selbstverständlich die Interessen der Mitarbeiter im Auge zu haben.

In dringenden Fällen empfehlen sich über die fest anberaumten Termine kurzfristig anberaumte Gespräche.

Sehr hilfreich, allerdings für die Personalräte auch sehr aufwändig, ist die Teilnahme an Einstellungsgesprächen. Auch die Personalräte sind an guten und leistungsfähigen Mitarbeitern interessiert. Ihre Wahrnehmung der Einstellungskandidaten und Mitwirkung bei der Auswahl kann sehr hilfreich sein.

Es gibt gelegentlich Phasen an Schulen, in denen man als Schulleiter das Gefühl hat, dass der Personalrat in eine Art Fundamentalopposition abdriftet. Das kann an einzelnen Personen oder Personenkonstellationen liegen, ist aber meist ein Alarmsignal an die Schulleitung, dass sich etwas angestaut hat, etwas nicht bemerkt wurde, sei es im Kollegium (z. B. Häufung von Arbeitsbelastung, Ungleichbehandlung von Kollegen, mangelnde Wertschätzung der Arbeit der Kollegen etc.) oder sei es direkt im Umgang mit dem Personalrat. Dann gilt es einige Schritte zurückzugehen, sich nach Möglichkeit (in Klausur) zusammenzusetzen und einen neuen Modus Vivendi zu finden. Unter Umständen macht auch ein gemeinsamer und gemeinsam zu vereinbarender Coachingprozess durchaus Sinn.

Die Gesamtlehrerkonferenz

Die Gesamtkonferenz oder Gesamtlehrerkonferenz – eine in einer Behörde (mit diesen Rechten ausgestattet) an sich unübliche Institution – wurde in ihrer heutigen Charakteristik in der Weimarer Republik eingeführt, um die Demokratieerziehung in den Schulen zu stärken. Damit kommt der gesamten Lehrerschaft einer Schule eine große Bedeutung und Verantwortung für die Schule und ihren Kurs zu. Ebenso dem Schulleiter, der zur Konferenz einlädt, die Tagesordnung festlegt und die Konferenz leitet (siehe auch Hoegg 2011, S. 33 f.).

Konflikte unterschiedlicher Art sind vorprogrammiert: zwischen den Kollegen (z. B. Erneuerer vs. Beharrer) und zwischen Kollegium und Schulleitung. Das ist zunächst normal und in keiner Weise befremdlich. Man muss lernen, sowohl als Kollege, aber insbesondere auch als Schulleiter Kontroversen und gelegentliche Abstimmungsniederlagen nicht persönlich zu nehmen (es wird immer wieder vorkommen, dass selbst nahestehende Kollegen anders abstimmen als gewünscht). Wenn es um die Sache geht, kann hart gekämpft werden. Allerdings spielt die Größe des Kollegiums, was Arbeit und Kultur der Konferenzen anbelangt, eine große Rolle. Es macht einen Unterschied, ob eine Konferenz aus 20 oder aus 120 Kollegen besteht.

Worauf gilt es als Schulleiter zu achten?

Zeitfragen

Es empfiehlt sich, die Konferenzen langfristig und jährlich im gleichen Rhythmus zu planen. Eine höhere Zahl an Konferenzen im Schuljahr kann (muss nicht) bedeuten, mit kürzeren Sitzungen auszukommen. Sechs Konferenzen im Jahr ist eine Zahl, die sich vielfach bewährt hat. Es bewährt sich, die Konferenztermine im Terminplan der Schule gleich für das ganze Jahr festzulegen. Man kann dabei die Wochentage variieren oder aber einen speziellen Konferenznachmittag freihalten (dann muss kein Unterricht ausfallen). Bei Bedarf – was gelegentlich vorkommt, wenn eilige Entscheidungen anstehen – kann man kurzfristig auch einmal eine außerordentliche Konferenz einberufen. Konferenzen sind fester Bestandteil der Arbeitszeit der Lehrer, es besteht also Teilnahme- bzw. Entschuldigungspflicht. Bei größeren Kollegien sollte eine umgehende Anwesenheitsliste Standard sein. Ziehen sich Konferenzen länger als drei Stunden hin, ist eine kurze Pause als Unterbrechung zu empfehlen. Ob allzu lang dauernde Konferenzen Sinn machen, ist fraglich.

Vorbereitung und Einladung

Eine Konferenz ist vom Schulleiter sorgfältig vorzubereiten. Welche Punkte müssen wirklich auf die Tagesordnung? Was lässt sich auch durch Aushang oder auf andere Weise erledigen? Die Tagesordnung sollte nicht zu viele Punkte aufweisen. Den wirklich wichtigen Punkten ist viel Zeit einzuräumen und sie sind in der Abfolge der Tagesordnungspunkte strategisch gut zu positionieren. Bei weitreichenden Entscheidungen empfiehlt sich die Erstellung einer Tischvorlage, die im Vorfeld bereits allen Kollegen zugänglich gemacht wird. Es empfiehlt sich, die Tagesordnung im Schulleitungsteam durchzugehen und sie vorab – mit der Bitte um eventuelle Ergänzungen – dem Personalrat zukommen zu lassen (es gibt Schulen, in denen ein Tagesordnungspunkt »Der Personalrat hat das Wort« für den Personalrat reserviert ist). Die Einladung mit der Tagesordnung sollte frühzeitig – ca. 10 Tage vor der Konferenz – aushängen. Auch der Protokollant sollte rechtzeitig vorab ausdrücklich benannt sein.

Durchführung/Sitzungsleitung

Dem Schulleiter obliegt die Durchführung und Leitung der Konferenz. Das beginnt zunächst mit der Begrüßung. Die wenigen Minuten vor dem Einstieg in die Tagesordnung können für Gratulationen, Beförderungen, wichtige Informationen zu Kollegen, Hinweise auf wichtige Ereignisse genutzt werden. Dann ist es Aufgabe des Schulleiters, engagiert, sachkundig und zielführend in die einzelnen Tagesordnungspunkte einzuführen (Hintergründe, Ziele und derzeitiger Sachstand). Das kann bei einzelnen Tagesordnungspunkten auch an entsprechende Kollegen oder Vertreter aus Arbeitsgruppen delegiert werden. Bei Abstimmungspunkten muss nach Darlegung der Informationen und nach dem Beschlussantrag Gelegenheit zur Aussprache gegeben werden; damit setzt ein Prozess ein, der sehr viel Fingerspitzengefühl erfordert. In größeren Kollegien ergreifen meist immer die gleichen Kollegen (Wortführer, Eisbrecher) zunächst das Wort. Über die Jahre kennt man die Grundposition dieser Kollegen und man kann in der Regel ihren Redebeitrag antizipieren (z. B. »Da handelt es sich um einen guten Vorschlag, aber ich möchte auf dem Hintergrund, dass wir alle ohnehin schon so viele Eisen im Feuer haben, auf die damit verbundene Arbeitsbelastung hinweisen«). Es gibt wohl an jeder Schule typische Lager: die aufgeschlossenen, an Verbesserungen für die Schüler und ihr Lernen orientierten Lehrer; die eher konservativen Kollegen, für die Schule und Lernen durchaus hart sein soll; die sich eher abgrenzenden Lehrer, die jede Neuerung auf ihre Mehrbelastung prüfen etc. Die verschiedenen Lager werden sich mehr oder weniger offen äußern. Manchmal werden Neuerungen vielleicht tatsächlich wegen der damit verbundenen Arbeitsbelastung abgelehnt, aber in der Argumentation andere Gründe vorgeschoben (»sachlich noch nicht ausgereift«, »Entscheidung zum jetzigen Zeitpunkt zu früh« etc.) oder über die Bande gespielt. Solche verdeckten Spiele finden regelmäßig in Konferenzen statt. Tatsächlich gibt es Muster und typische Abläufe, ähnlich wie bei Spielen, wobei Konferenzen keine Spiele sind, sondern es um Beschlüsse geht, die die schulische Praxis verändern können. Wie agiert man als Schulleiter angesichts dessen?

- sachlich bleiben (auch wenn es manchmal schwerfällt); aus der Rolle fallen, emotional werden – zum Beispiel zornig werden, konsterniert wirken – sollte die seltene Ausnahme bleiben
- die Wiederholung von Argumenten schnell unterbinden
- nach einiger Zeit (wenn alle Argumente auf dem Tisch liegen) die Rednerliste schließen (»Gibt es – bevor ich nun die Rednerliste schließe – noch dringende Wortmeldungen?«)
- die Abstimmung über den Beschlussantrag und eventuell Gegenanträge oder Änderungsanträge durchführen

Tauchen in einer Diskussion gravierend neue Gesichtspunkte auf, die bei der Erstellung des Beschlussantrags noch nicht bekannt waren oder übersehen wurden, ist in Ausnahmefällen auch eine Vertagung der Entscheidung sinnvoll (»Diese Informationen lagen der Arbeitsgruppe leider nicht vor und müssen nun zunächst einmal geprüft und in einen neuen Antrag eingearbeitet werden«).

In großen Kollegien kann inhaltlich oft nicht in der nötigen Tiefe diskutiert werden. Es empfiehlt sich bei wichtigen Projekten deshalb, von der Konferenz Arbeitsgruppen einsetzen zu lassen, die den Auftrag erhalten, der Konferenz innerhalb einer bestimmten Frist einen sachlich fundierten Vorschlag zu unterbreiten. Dann haben alle Interessierten – und hierauf ist durchaus hinzuweisen – die Möglichkeit, in dieser Arbeitsgruppe mitzuarbeiten oder der Arbeitsgruppe zumindest Anregungen und eventuelle Bedenken zukommen zu lassen. So wird es für bestimmte Kollegen deutlich schwieriger, in der Abstimmungskonferenz das Thema nochmals aufzurollen und eine Fundamentaldiskussion vom Zaun zu brechen (sie würden dann den Unmut der Arbeitsgruppe und anderer Kollegen auf sich ziehen, die sich für die Vorarbeit bedanken).

Beschlüsse der Konferenz sind, wenn sie nicht gegen Gesetze und Verordnungen verstoßen, bindend. Egal, wie also eine Abstimmung ausgeht, ob im Sinne der Schulleitung oder nicht, der Schulleiter sollte klar signalisieren, dass der Beschluss so umgesetzt wird. Es wirkt nicht gut, schlechter Verlierer zu sein, nach Abstimmungen seinen Unmut zu äußern oder gar subtil zu drohen (das sollte übrigens auch nicht während der Diskussion geschehen). Am Ende schließt der Schulleiter förmlich – verbunden mit Dank für Engagement und Offenheit in der Diskussion – die Konferenz.

Nachbereitung

Als Schulleiter hat man zeitnah das Protokoll durchzusehen und freizugeben (für alle zugängliche Ablage oder Aushang). Wichtige, längerfristig wirksame (Grundsatz-)Beschlüsse sollten in einem Ordner/im Schulhandbuch festgehalten werden. Ansonsten ist die Umsetzung der Beschlüsse umgehend in die Wege zu leiten.
Es empfiehlt sich, Konferenzen im Schulleitungsteam nachzubesprechen. Es ist wichtig, dass man als Schulleiter im Hinblick auf die Konferenzleitung Feedback bekommt: Wie habe ich an dieser Stelle reagiert? Wie hätte man den überraschenden Beitrag von Kollege X besser auffangen können? Warum ist die Stimmung an dieser Stelle gekippt? Wie kann man Kollegen Y das nächste Mal besser integrieren? Wie können wir als Schulleitungsteam wirksamer zum Erfolg bei Abstimmungen beitragen? Etc. Nach der Konferenz ist vor der Konferenz.

Zu Konferenzen können zu bestimmten Themen auch Fachleute und Gäste eingeladen werden. Es ist sinnvoll, wo immer möglich zum Beispiel die gewählten Elternvertreter und/oder die Schülersprecher einzuladen. Das schafft nicht nur Transparenz und Akzeptanz, sondern ermöglicht oft und auf schnelle Weise, die Position der Elternschaft bzw. Schülerschaft in einer bestimmten Sache in die Diskussion zu integrieren. Aber da in vielen Kollegien zunächst Vorbehalte gegen die Anwesenheit von Eltern und Schülern bestehen, sollte man hier als Schulleiter sehr vorsichtig und in kleinen Schritten agieren.

Die Schülermitverantwortung (SMV)

Der Arbeit der SMV an einer Schule – insbesondere an Schulen mit einer Oberstufe – kann weitreichende Bedeutung zukommen. Ältere Schülerinnen und Schüler, die an der Schule Verantwortung übernehmen (z.B. durch Mitarbeit in Arbeitsgruppen zur Schulentwicklung), sich im Rahmen der Schule engagieren, Projekte auf die Beine stellen, Schülerratssitzungen und Vollversammlungen leiten, die Interessen der Schülerschaft vertreten und auf sonstige Weise in der Schulöffentlichkeit präsent sind, werden von der gesamten Schülerschaft wahrgenommen, wirken vorbildlich für die jüngeren Schülerinnen und Schüler und prägen oft in sehr nachhaltiger Weise die Schulkultur. Darüber hinaus ist die SMV ein wichtiges Lernfeld im Bereich erfahrbaren Demokratielernens. Aufgabe der Schulleitung ist es, immer wieder neu die Potenziale der SMV zu sehen, in immer wieder neue zur Verantwortung bereite Schülergenerationen zu investieren. Seitens der Schulleitung gibt es eine ganze Reihe von wirksamen Unterstützungs- und Fördermöglichkeiten, die zu einer lebendigen SMV-Arbeit beitragen.

- für die SMV-Arbeit im Kollegium werben
- Regelmäßige Treffen mit der SMV: Dabei gilt es, die Anregungen der SMV zu hören und wo immer möglich Wünsche und Anregungen umzusetzen. So können sich Schülersprecher und Mitarbeiter der SMV wirksam erleben.
- räumliche und sächliche Ausstattung zur Verfügung stellen
- Zeitressourcen zur Verfügung stellen: Die SMV braucht Zeit für ihre Sitzungen und um sich selbst in die Schülerschaft hinein zu vermitteln. Möglicherweise ist eine jährliche Klausur sinnvoll.
- bei SMV-Veranstaltungen für die nötige Unterstützung (z.B. Räume zur Verfügung stellen, Aufsichten gewährleisten) sorgen
- die Schülersprecher zu geeigneten Tagesordnungspunkten in die Gesamtlehrerkonferenz einladen, dort bestimmte Anträge vorstellen lassen oder zu bestimmten Themen die Meinung der Schülerschaft hören

Es ist auf der anderen Seite klar, dass es durch eine verweigernde oder hinhaltende Einstellung der Schulleitung zu einer massiven Behinderung einer lebendigen SMV-Arbeit kommt.

Mitarbeiter und Personalführung

Die Kolleginnen und Kollegen wahrnehmen

Man kann als Schulleiter sehr viel Zeit in seinem Büro verbringen, während auf den Fluren, in den Klassenzimmern und im Lehrerzimmer der Unterrichtstag abläuft. Besser ist es, sehr präsent zu sein. Es bietet sich an, vor allem in den Großen Pausen im Lehrerzimmer und für die Kolleginnen und Kollegen ansprechbar zu sein. Ein »Hallo« für die Kollegen, Blickkontakt zeigen, dass man jeden wahrgenommen hat. Wird man nicht in irgendeiner Sache sozusagen dienstlich angesprochen oder muss selbst nicht irgendetwas mit einem Kollegen regeln, ist es einfach schön, Zeit für Smalltalk zu haben: »Wie war der Film im Kino?«, »Lohnt es sich, in XY das Museum zu besuchen?« Etc. In einer Schule arbeitet man in der Regel auf Jahre zusammen, das braucht auch eine menschliche Ebene der Wertschätzung, eine gewisse Nähe.

Auch die Frage nach dem Zugang zum Rektorat ist – sicher in Abhängigkeit von der Größe der Schule – zu klären. Es gibt Rektorate, die nur über das Sekretariat zugänglich sind. Manche Schulleiter arbeiten grundsätzlich hinter verschlossener Tür. Wenn man Zugang haben will, geht das nicht spontan, sondern nur über die Sekretärin. Bei anderen führt zwar der Weg auch über das Sekretariat, aber von dort aus steht dann in der Regel die Türe zum Rektorat offen. Andere machen gute Erfahrungen damit, ohne den Umweg über das Sekretariat direkt zugänglich zu sein. Es gibt Schulleiter, die noch einen Schritt weiter gehen und während des Vormittags – wenn sie nicht gerade Gespräche führen – die Türe zum Flur offen stehen lassen, ein Signal der Offenheit und Ansprechbarkeit. Ob man so weit gehen will, muss jeder für sich selbst entscheiden. An großen Schulen kann auch speziell eine Sprechstunde für die Kolleginnen und Kollegen angeboten werden, in die man dann ohne Voranmeldung kommen kann. Grundsätzlich ist es sicher wichtig, die Hürden der Ansprechbarkeit nicht allzu hoch zu setzen.

Gespräche führen

Gespräche führen ist ein wesentlicher Teil des beruflichen Kerngeschäfts von Schulleitung, wenn man diese Aufgabe insbesondere als eine pädagogische versteht. In erheblichem Umfang findet Führungshandeln durch Gespräche unterschiedlichster Art statt. Die hauptsächlichen Partner dabei sind die Kollegen, aber auch Schüler und Eltern. Die möglichen Anlässe können sehr vielfältig sein, die Gespräche können spontan nötig sein bzw. entstehen oder bewusst terminiert werden. Auf Lehrkräfte bezogen gibt es unterschiedliche Gesprächssituationen oder -typen: Beurteilungsgespräch,

Beratungsgespräch, Einstellungsgespräch, Konfliktgespräch, Entwicklungsgespräch, konzeptionelles Fachgespräch etc. Die Abgrenzungen und Typisierungen sind unscharf; in einem sachlich begonnenen Klärungsgespräch kann sich unter Umständen schnell und unerwartet eine unvorhergesehene Konfliktsituation (der Kollege trägt schon lange ein Problem mit sich herum, auf einmal bricht es aus ihm heraus) in den Vordergrund schieben und das Gespräch emotional färben oder dominieren.

Hier einige bewährte Ratschläge für die Führung von Gesprächen:

- sich Zeit nehmen und auch signalisieren, dass man sich Zeit nimmt (z. B. das Telefon abschalten; vom Schreibtisch an den Besprechungstisch wechseln)
- bequeme Stühle, freie Tischfläche (vielleicht mit einer Blume, auf jeden Fall immer Mineralwasser und frische Gläser auf dem Tisch)
- richtige Distanz (nicht zu nah aufeinander sitzen), gute Lichtverhältnisse (man muss auch die Mimik sehen können; keiner sollte durch Gegenlicht geblendet sein)
- auf die eigene Körpersprache achten (reserviert, ängstlich-lauernd, offen, interessiert)
- entspannende, freundliche Worte zu Beginn; Symmetrie so weit möglich herstellen
- schnell zur Sache kommen, das Thema/Problem möglichst genau benennen oder benennen lassen
- den Gesprächspartner ausreden lassen
- konzentriert präsent sein, sorgfältig zuhören, mit eigenen Worten das Verstandene zusammenfassen, nach Möglichkeit strukturieren und fragen, ob man das Gegenüber richtig verstanden hat
- Offenheit würdigen, auch wenn unangenehme Themen zur Sprache kommen oder Vorwürfe gemacht werden
- Gemeinsames hervorheben (gemeinsame Ziele, gemeinsame Grundüberzeugungen)
- nicht festgelegt sein, was den Gesprächsausgang anbelangt; offen sein für verschiedene Lösungsansätze und das auch signalisieren
- Kränkungen, Demütigungen, Rechthabenwollen, Schuldzuweisungen vermeiden (das ist rückwärtsgewandt, in keiner Weise konstruktiv)
- Keine Rabattmarken sammeln[2] oder generalisieren: Mit Verallgemeinerungen (»Ich vermisse bei Ihnen ohnehin den nötigen Biss«, »Ihre Stundenkonzeptionen lassen zu wünschen übrig«, »Sie reagieren immer so aggressiv«) legt man seinen Gesprächspartner fest. Es geht nicht mehr um ein konkretes Verhalten, sondern um Eigenschaften und Einstellungen (Persönlichkeitsmerkmale), die kaum veränderbar sind. Es ist also angebracht, nicht zu generalisieren, sondern konkret zu bleiben (»Gegenüber dem Schüler XY haben Sie aus meiner Sicht etwas zu aggressiv reagiert« »Den Methodenwechsel in der Stunde konnte ich nicht nachvollziehen; wäre es nicht möglich gewesen, der Stunde an dieser Stelle eine andere Richtung zu geben?«).

---

2 Der deskriptive Begriff »Rabattmarken sammeln« stammt aus der Transaktionsanalyse. Er beschreibt den häufig vorkommenden Sachverhalt, dass in (Paar-)Beziehungen in Gesprächen plötzlich (und für den Gesprächspartner unerwartet) Dinge aus der Vergangenheit auf den Tisch kommen, die mit dem augenblicklichen Konflikt nichts zu tun haben. Der augenblickliche Konflikt ist der Auslöser sozusagen für eine Generalabrechnung.

- Perspektivenwechsel ausprobieren (Wie wäre mir an Stelle des Gesprächspartners zumute?; den Gesprächspartner an der Sichtweise/Logik der Schulleitung teilhaben lassen: »Wie würden Sie als Schulleiter in dieser Situation agieren?«)
- kreative, unerwartete Gedanken zulassen, provozieren, Alternativen anregen, die Gesprächspartner selbst zu Beteiligten machen (aus der Rolle der kritisierten Betroffenen herausholen)
- Lösungen nicht übers Knie brechen, sich notfalls vertagen (»Können wir, nachdem wir unsere Positionen jetzt ausgetauscht haben, eine Nacht darüber schlafen/uns eine Woche Zeit nehmen und uns dann noch einmal zusammensetzen?«)

Grundsätzlich gilt: Unangenehme Gespräche nicht (zu lange) aufschieben, aber auch nicht aus dem Affekt heraus Termine anberaumen!

Das Mitarbeitergespräch

An Schulen ab einer gewissen Größe (wenn man nicht ohnehin ständig mit allen Kollegen in Kontakt ist) empfehlen sich regelmäßig stattfindende Mitarbeitergespräche. Ein Rhythmus – je nach Schulgröße, das Gesprächspensum muss bewältigbar sein – von drei bis fünf Jahren ist ratsam. Die Gespräche sollten in Ruhe am Nachmittag stattfinden. Es empfiehlt sich, für die im Jahr zu führenden Gespräche einen Jahresplan zu machen. Mit ausreichend Vorlauf (ca. 14 Tage) sollten die Kollegen (schriftlich) eingeladen werden. Es empfiehlt sich, für Mitarbeitergespräche 60 Minuten anzusetzen. Für das Gespräch sollte es einen Leitfaden geben, den man (allerdings nur die Themenbereiche, also nicht die möglichen Fragen) am besten schon der Einladung anfügt oder grundsätzlich im Kollegium bekannt macht. Im Gespräch allerdings sollte man mit dem Leitfaden zwanglos umgehen, nicht alle Punkte, nicht alle möglichen Fragen müssen – und schon gar nicht in der gleichen Intensität – abgearbeitet werden. Mitarbeitergespräche sollten einen Rahmen bieten, den Kollegen zuzuhören. Man kann viel über die Schule und die Befindlichkeit von Kollegen lernen, wenn es gelingt, eine vertrauensvolle Atmosphäre zu schaffen, die die nötige Offenheit ermöglicht. Offene Fragen sind, ob ein Protokoll verfasst werden soll oder nicht und ob das/jedes Mitarbeitergespräch mit einer (förmlichen) Zielvereinbarung enden muss. Manches[3] spricht dafür, sowohl auf ein offizielles Protokoll als auch auf eine Zielvereinbarung zu verzichten, gleichwohl sollten wichtige Anregungen notiert (»Ich muss mir das kurz aufschreiben«) oder gemeinsam entwickelte Perspektiven bekräftigt werden.

Der untenstehende, in der Praxis bewährte Leitfaden ist ein Beispiel, welche Themen im Mitarbeitergespräch sinnvollerweise angesprochen werden können.

---

3 Protokolle – auch wenn sie vom betreffenden Kollegen gegengezeichnet werden müssen und dennoch im Ergebnis möglicherweise nicht sein dauerhaftes persönliches Bestreben wiedergeben – sind gleichwohl Teil der Personalakte.

Vorschlag für einen Leitfaden für Mitarbeitergespräche:

Erfolgsbereiche

- Was gelingt Ihnen gut?
- Wo bringen Sie sich gerne und erfolgreich ein?
- Worauf blicken Sie mit Befriedigung zurück?

Motivation

- Was motiviert Sie für die Arbeit hier an der Schule?
- Was macht Ihnen in Ihrer schulischen Arbeit besondere Freude?
- Was schränkt Ihre Motivation ein?

Arbeitsbelastung

- Wie schätzen Sie Ihre Arbeitsbelastung ein?
- Was belastet Sie in besonderer Weise?
- Welche Strategien, mit Belastung umzugehen, haben Sie entwickelt?
- Welche Hilfestellung würden Sie sich wünschen?

Ziele/Perspektiven

- Welche persönliche/n Entwicklung/Karriereschritte an der Schule/im Bildungssystem würden Sie gerne anstreben?
- Welche Akzente würden Sie gerne in Ihrer Tätigkeit setzen?
- Welche Fortbildungs- und Qualifizierungsangebote würden Sie gerne in Anspruch nehmen?

Stellung im Kollegium

- Wie würden Sie Ihre Stellung/Rolle im Kollegium beschreiben?
- Wie sind Ihre Erfahrungen in Arbeitsgruppen/fachlich-didaktischen Teams?
- Wie offen erleben Sie das Kollegium?

Erwartungen an die Schulleitung

- Welche Erwartungen/Wünsche haben Sie an die Schulleitung?
- Sieht die Schulleitung ausreichend, was Sie tun?
- Fühlen Sie sich in Ihrer Arbeit ausreichend wertgeschätzt?
- Geht die Schulleitung aus Ihrer Sicht mit allen Kolleginnen und Kollegen fair und gerecht um?

Anregungen

- Sind Sie mit der Entwicklung/dem Kurs der Schule zufrieden?
- Vor welchen Herausforderungen sehen Sie die Schule stehen?
- Welchen Entwicklungsbedarf sehen Sie für die Schule?
- Gibt es etwas, was an der Schule einmal realisiert werden sollte?

Sonstiges

Unterrichtsbesuche, Beurteilung und Beratung

Schulleiter können jederzeit, müssen aber zu bestimmten Anlässen (sogenannte Anlassbeurteilung, zum Beispiel zum Ende der Probezeit, anstehende Beförderung) und in bestimmten Abständen (Regelbeurteilung) den Unterricht der Kollegen besuchen und darüber eine schriftliche Beurteilung (Leistungsbeurteilung) schreiben. Meist werden einer Beurteilung zwei Unterrichtsbesuche (pro Unterrichtsfach ein Besuch) zugrunde gelegt. Hierfür gibt es vorstrukturierte Formulare, die je nach Bundesland etwas anders aussehen. Unterschiedliche Rubriken lenken das Augenmerk nicht nur auf den Unterricht, sondern beziehen das Lehrerverhalten insgesamt mit ein. Hinzu kommen zahlreiche Items zu Kompetenzen und Einstellungen (Befähigungsbeurteilung), die auf einer mehrstufigen Skala angekreuzt werden können. Die Beurteilung wird am Ende in einer Gesamtnote verdichtet. Über die Verbindung der Unterrichtsbesuche mit der Beurteilung (dahinter steckt das beamtenrechtlich festgelegte Prinzip der Bestenauslese) wird die Beratungsfunktion des Schulleiters im Kontext von Unterrichtsbesuchen stark eingeschränkt. Beurteilen und Beraten sind nur eingeschränkt kompatibel. Was bleibt, ist der diagnostische Aspekt, aber auch der nur in eingeschränkter Weise: Man sieht zwei Stunden in zwei unterschiedlichen Fächern in verschiedenen Klassen. Die Lehrkraft weiß in der Regel, dass ein Besuch ansteht. Der gesehene Unterricht kann also zum einen eine Schaustunde sein, die mehr oder weniger deutlich vom alltäglichen Unterricht abweicht (das ist nicht einmal negativ gemeint, jeder will sich von seiner besten Seite aus präsentieren). Zum anderen muss man davon ausgehen – jedenfalls kann eine Lehrkraft das für sich reklamieren (und das geschieht mit großer Regelmäßigkeit) – dass die gesehene Stunde durch einige Zufälle geprägt war und damit nicht repräsentativ ist. Hinzu kommen die Tagesform (ist man als Beobachter zum Beispiel müde) und durchaus eine gewisse Voreingenommenheit des Beobachters (man sieht, was man sehen will). Es gibt noch weitere problematische Aspekte: Eine Stunde kann sehr gut und in sich stimmig gewesen sein, aber möglicherweise suboptimal im Hinblick auf bestimmte neuere Unterrichtsverständnisse bzw. mit ihnen korrespondierende Kriterien, wie zum Beispiel der Berücksichtigung von Heterogenität oder der Förderung der Eigenverantwortlichkeit. Gerade der letztgenannte Aspekt, der im Werkstattunterricht, in Settings mit Plan- oder Projektarbeit sich realisiert, ist in einer Einzelstunde kaum qualitativ zu erfassen. Hier muss man sich – um zu einer einigermaßen soliden Beurteilung in der Lage zu sein – ganze Unterrichtseinheiten erklären und die entsprechenden Materialien zeigen lassen. Es besteht also die Gefahr, dass ein Unterrichtsbesuch einen Kollegen auf einen bestimmten Unterricht festlegt, in dem eher im Mittelpunkt steht, als Lehrer zu zeigen, was man alles kann. Von der Alltagswirklichkeit des Unterrichts der Kollegen ist man auf diese Weise unter Umständen weit entfernt.

Nach dieser sehr grundsätzlichen Problematisierung sollen nun einige pragmatische Ansätze vorgestellt werden. Für die Unterrichtsbeobachtung ist es wichtig, den Ablauf der Stunde (also auch den Stundenaufbau) möglichst klar zu erfassen. Hat man einen schriftlichen Entwurf der Stunde, kann das – vor allem in Fächern, die man nicht selbst unterrichtet – leichter fallen. Zum anderen braucht man für die Bewertung klare Kriterien. Und diesbezüglich gilt: Man sieht nur, was man gelernt hat, zu sehen. Es gilt aber auch: Man kann in einer Stunde nicht alles sehen und wahrnehmen, was prinzipiell wahrnehmbar und bewertbar ist. Also sollte man einen Fokus bilden und sich auf bestimmte Essentials konzentrieren. Das ist besonders sinnvoll, wenn man einen Kollegen das zweite Mal besucht und bereits Hinweise zu Optimierungsmöglichkeiten gegeben hat. Es ist fair und hat etwas mit intendierter Unterrichtsentwicklung zu tun, Beobachtungsschwerpunkte vorab zu benennen oder zu vereinbaren. Untenstehendes Formular (vergrößert auf A3) kann dabei hilfreich sein oder als Anregung für ein selbstentwickeltes Beobachtungsblatt dienen.

Vorschlag für eine Vorlage zur Unterrichtsbeobachtung:

Name: ______________________________ **Fach:** __________ **Klasse:** __________

Schülerzahl: _______ **Raum:** __________ **Datum:** __________

Thema der Stunde: ____

Zeit	Grobstruktur der Stunde Phasen	Unterrichtsschritte, Methoden Impulse, Fragen, Zitate	Bemerkungen	Kriterien	++	+	~	-	--
				Unterrichtsorganisation					
				Vorbereitung/Planung					
				Struktur der Stunde					
				Transparenz der Stunde für die SuS					
				Stundeneinstieg					
				Sicherung der Ergebnisse					
				Zielerreichung					
				Methoden					
				Angemessenheit der Methoden					
				Sinnhafter Medieneinsatz					
				Aufgabenstellung und -implementation					
				Differenzierende Lernwege/Angebote					
				Vertiefungs- und Übungsmöglichkeiten					
				Förderung der Eigenverantwortlichkeit					
				Impuls- und Fragetechnik					
				Feedback durch die Lehrperson					
				Reflexion des Gelernten					
				Hausaufgabenstellung					
				Motivationale und soziale Unterstützung					
				Lernatmosphäre					
				Wertschätzender Umgang					
				Kooperationsmöglichkeiten					
				Klassenführung					
				Umgang mit Disziplinproblemen und Unterrichtsstörungen					
				Störungspräventives Verhalten					
				Zeitmanagement					
				Lehrerverhalten					
				Lehrersprache					
				Flexibilität					

Das Beurteilungsgespräch

Zeitnah sollte das Gespräch im Anschluss an den Unterrichtsbesuch stattfinden, damit alles auch noch in einigermaßen frischer Erinnerung ist, wenn auch nicht unmittelbar nach der beobachteten Stunde.

- In einem ersten Schritt ist es wichtig, der Lehrkraft, die die Stunde gehalten hat, Gelegenheit zu geben, sich zu äußern. Sie kann auf Hintergrundwissen zur Klasse und eventuell auf Dinge hinweisen, die ein Beobachter in der Stunde nicht wahrnehmen konnte, die aber gleichwohl wichtig zu wissen seien, weil sie das Lehrerverhalten an einer bestimmten Stelle erklären würden. Das sollte in Kürze (darauf ist hinzuweisen, weil Lehrkräfte gelegentlich dazu neigen, die gesamte Unterrichtskonzeption zu rekapitulieren) und nach Möglichkeit ohne Unterbrechung – Rückfragen zum Verständnis ausgenommen – geschehen.
- In einem zweiten Schritt rekonstruiert man als Beobachter anhand des Beobachtungsbogens kurz den Verlauf der Stunde. Dies zeigt der Lehrkraft, dass man die Stunde gründlich wahrgenommen und in ihrem Ablauf bzw. Aufbau erfasst hat. Meist kann man sich, was den reinen Verlauf anbelangt, auf eine gemeinsame Sichtweise einigen (oft geht es dabei um das Zeitmanagement der Stunde, den Umgang mit unvorhergesehenen/unvorhersehbaren Schülerbeiträgen und mehr oder weniger große Abweichungen von der ursprünglichen Stundenplanung).
- In einem dritten Schritt kommt der schwierigste Teil, das bewertende Feedback. Es ist hilfreich, zunächst die positiven Rückmeldungen zu geben. Und auch die negativen Rückmeldungen sollten zwar in aller Klarheit erfolgen, aber perspektivisch formuliert sein (z. B. »Hier haben Sie Ihr Potenzial noch nicht ausgeschöpft«, »Große Entwicklungsmöglichkeiten sehe ich bei Ihnen in diesem Bereich ...«, »Was halten Sie davon, es einmal so zu probieren?«, »Sind Sie einverstanden, wenn ich bei einem weiteren Besuch besonders hierauf achte?«, »Ist es für Sie denkbar, sich in diesem Bereich gezielt Kompetenz anzueignen [durch Hospitation bei Kollegen, eine Lektüre, den Besuch einer Fortbildung]?«). Im Idealfall – aber das gelingt leider nicht immer (vor allem bei Anlassbeurteilungen, bei denen es um die Note geht) – nimmt das Gespräch einen beratenden Charakter an.

Die sich anschließende schriftliche Beurteilung sollte im Wesentlichen dem, was gesprochen wurde, entsprechen.

Unterrichtsbesuche und die sich anschließenden Beurteilungs- und Beratungsgespräche können ein langfristig wirksamer Beitrag zur Unterrichtsentwicklung sein. In solchen Gesprächen wird klar, worauf die Schulleitung abhebt, was sie unter Kompetenz im Unterricht versteht. Aus diesem Grund ist es sinnvoll, die zentralen Beobachtungs- und Bewertungskriterien an der Schule transparent zu machen.

Personalauswahl

Für eine Schule ist von herausgehobener Bedeutung, welche Lehrer an ihr unterrichten. Schließlich sind es die Lehrerinnen und Lehrer, aus deren Arbeit sich die Qualität der Schule ergibt. Damit liegt auf der Hand, dass der Personalauswahl allergrößte Bedeutung zukommt. Allerdings sind die Freiheitsgrade der einzelnen Schule bei der Personalauswahl je nach Bundesland etwas unterschiedlich. Aber die Tendenz, schulscharf Stellen ausschreiben und dann eigenverantwortlich besetzen zu können und damit die Selbstständigkeit und Verantwortlichkeit der Schule vor Ort zu stärken, ist erkennbar. Doch ist die professionelle Personalauswahl gar nicht so einfach. Selbst langjährigen und erfahrenen Schulleitern können hier immer wieder Fehleinschätzungen unterlaufen. Deshalb hier einige Anregungen, die helfen können, Fehlentscheidungen zu minimieren und das Auswahlverfahren etwas zu objektivieren.

Das Auswahlverfahren gliedert sich in vier Phasen:

1. *Erstellung des Ausschreibungstextes.* Dem Ausschreibungstext kommt große Bedeutung zu. Eine präzise Beschreibung der Anforderungen hilft bei der Selbstselektion. Gleichzeitig ist die Ausschreibung eine erste Gelegenheit, die Schule vorzustellen. Der Verweis auf die Homepage – die allerdings für Bewerber auch aussagekräftig sein sollte – sollte nicht fehlen.
2. *Sichtung der eingegangenen Bewerbungen.* Hier gilt es auf der Grundlage der vorliegenden Bewerbung – wenn man in der komfortablen Lage ist, ausreichend Bewerbungen auf dem Tisch zu haben – Bewerber in die engere Auswahl zu nehmen. Kriterien hierfür sind vor allem die Noten aus der Wissenschaftlichen Prüfung und der Pädagogischen Prüfung (Zweites Staatsexamen). Auch berufliche Vorerfahrungen und Zusatzqualifikationen sollten hier bereits Berücksichtigung finden.
3. *Mit den Bewerbern der engeren Auswahl werden Vorstellungsgespräche vereinbart* (hier ist ein freundlicher telefonischer Erstkontakt durch die Sekretärin wichtig). Für ein gutes gegenseitiges Kennenlernen empfiehlt sich ein zeitlicher Rahmen von zwei Stunden pro Gespräch, der bei Termindruck auch auf 90 Minuten reduziert werden kann. Es gilt, im Auge zu behalten, dass Bewerbergespräche durchaus gegenseitige Bewerbungen sind, das heißt, dass auch die Schule sich insbesondere um die besten Leute bewerben muss. Entsprechend sollte das Ambiente sein: aufgeräumtes Rektorat, abgeschaltetes Telefon, Getränke auf dem Tisch. Bereits im Vorfeld macht es einen guten Eindruck, eine Anfahrtsskizze zu schicken. Das Gespräch sollte deutlich in Phasen gegliedert sein:

(A) Zunächst werden die Gesprächsteilnehmer seitens der Schule und ihre Funktion vorgestellt, Smalltalk über die Anfahrt, das Wetter etc. findet statt. Hier kann Nervosität abgebaut werden, gut ist, wenn ein entspanntes Gesprächsklima entsteht. Auch der Ablauf des Vorstellungsgesprächs sollte transparent gemacht werden, einschließlich des Hinweises darauf, dass während des Gesprächs Notizen gemacht werden.

(B) Der Bewerber bekommt die Gelegenheit, sich in freiem Vortrag selbst vorzustellen. Hilfreich ist es, hier auf einige Informationsinteressen seitens der Schule hinzuweisen: »Können Sie in Ihrer Vorstellung ihre eigene Schulzeit kurz reflektieren?«, »Sagen Sie bitte auch etwas dazu, wie Ihre Entscheidung, Lehrerin/Lehrer zu werden, zustande kam«, »Was führte zur Wahl Ihrer Fächer?«, »Welche außerschulischen Erfahrungen würden Sie gern in Ihre Arbeit in der Schule einbringen?« etc. Während der Vorstellung kann durchaus vertiefend oder ergänzend nachgefragt werden.

(C) Als dritter Teil empfiehlt sich ein leitfadenbasiertes Interview, in dem – allen Bewerbern in gleicher Weise – standardisierte Fragen gestellt werden. Die Fragen sollten folgende Bereiche abdecken:.

(a) Fachliche und überfachliche Qualifikationen
(b) Fähigkeit zur Motivation von Schülern
(c) Fähigkeit zur Klassenführung
(d) Umgang mit Konflikten
(e) Selbstorganisation
(f) Verlässlichkeit in der Schule
(g) Innovationskraft

Diese sieben Bereiche sollten in verschiedene Items aufgeschlüsselt sein, die jeweils durch eine Frage erkundet werden. Grundsätzlich können offene, situative oder biografische Fragen gestellt werden. Wir fügen zu einigen Bereichen Beispiele an:

Fragetypen fürs Bewerbungsgespräch

A. Offene Fragen
Offene Fragen zielen auf Informationen vom Bewerber.

B. Situative Fragen
Mit situativen Fragen werden die Bewerber überraschend mit einer Situation konfrontiert. Es interessiert ihr mutmaßliches Verhalten in einer bestimmten Situation.

C. Biografische Fragen
Verhalten in der Vergangenheit ist ein möglicher Prädiktor für Verhalten in der Zukunft.

Bereich *Fachliche und überfachliche Qualifikationen*, Item *Selbstmotivation*: »Was bedeutet es Ihnen, Ihre Fächer zu unterrichten?« (Offene Frage)

- Item *Kenntnis der philosophischen Implikationen des eigenen Fachs*: »Im Unterricht der Kursstufe werden Sie auf die grundsätzliche Bedeutung des Themas, das Sie gerade behandeln, angesprochen. Wie reagieren Sie?« (Situative Frage)
- Item *Aufgeschlossenheit für forschungsbasierte Ansätze in der Pädagogik*: »Nennen Sie eine Erkenntnis der Lehr-Lern-Forschung, die Sie persönlich für bedeutsam halten.« (Offene Frage)

Bereich *Fähigkeit zur Motivation*

- Item *Freude am Umgang mit Kindern und Jugendlichen*: »Wo haben Sie erste Erfahrungen im Umgang mit Kindern und Jugendlichen gesammelt? Beschreiben Sie Ihre Erfahrungen.« (Biografische Frage).

Bereich *Selbstorganisation*

- Item *Organisationsfähigkeit*: »Haben Sie in der Vergangenheit Gelegenheit gehabt, ihr Organisationstalent unter Beweis zu stellen? Beschreiben Sie ein Beispiel.« (Biografische Frage)

(Siehe Baumann & Baumann 2012 für eine Übersicht über sechs Bereiche und 38 Items mit Vorschlägen für entsprechende Fragen.)

Eine ganze Reihe von Items (Fähigkeit zum Humor, kritische Selbstreflexion, Selbstwertgefühl, Belastbarkeit, Stressresistenz, Beziehungsfähigkeit etc.) können nicht durch gezielte Fragen erkundet werden. Hier gilt es, den Bewerber sehr sorgfältig zu beobachten und die entsprechenden Eindrücke festzuhalten. Überraschend gestellte biografische Fragen können zu sehr authentischen Antworten führen. Die situativen Fragen (As-if-Fragen) ersetzen ansatzweise eine Unterrichtsprobe oder ein Assessment, die in der Regel nicht vorgesehen oder nicht durchführbar sind.

(D) Der Vorstellung der Schule sollte breiter Raum gegeben werden. **Auch die Schule stellt sich den Bewerbern vor und bewirbt sich um die besten Bewerber!** Dabei gilt es darauf zu achten, ein realistisches Bild zu zeichnen. Der Bewerber muss eine gute Grundlage haben, auch seinerseits über die mögliche Passung zu entscheiden. Längst ist Schule nicht mehr gleich Schule. Leitbild, Schulprogramm, pädagogische Konzeption, örtliche und regionale Besonderheiten, Umfeld der Schule, Schülerschaft, Art der Elternarbeit und schließlich der Charakter der Schule unterscheiden sich mitunter sehr. In der Regel dürfte es einem Schulleiter nicht schwerfallen, hier ein realistisches und differenziertes Bild zu zeichnen. Je mehr ein Bewerber nach erfolgreichem Einstellungsgespräch im Lauf der ersten Berufsjahre bestätigt findet, was er im Erstgespräch erfahren hat, desto weniger wird es Enttäuschungen und Demotivation geben.

(E) Ein Rundgang durch die Schule rundet das Bild ab. Er bietet zudem die Gelegenheit, mit dem Bewerber nochmals etwas zwangloser ins Gespräch zu kommen. Im Idealfall kommt es auch zu kurzen Begegnungen mit Kollegen oder Schülern. Hier lässt sich beobachten, wie der Bewerber diese Kontaktmöglichkeiten nutzt.

(F) Ein Ausblick auf das weitere Verfahren beendet das Gespräch. Hierher gehören Informationen über den weiteren formalen Ablauf des Verfahrens, der Hinweis auf die vorhandenen Fristen. Sich für das Gespräch und die Offenheit zu bedanken, ist selbstverständlich. Positive Rückmeldungen – »Das Gespräch hat gezeigt, dass wir Sie zu Recht in die engere Wahl einbezogen haben« – bauen Commitment bzw. Bindung auf und können vorsichtig eingebracht werden. Aber Vorsicht ist insofern geboten, als der beste Bewerber möglicherweise erst zum Schluss kommt.

4. *In Nachbereitung der Bewerbungsgespräche gilt es, sich für einen Bewerber zu entscheiden.* Die Teilnehmer am Bewerbergespräch (Schulleiter, Stellvertreter, gegebenenfalls Vertreter des Personalrats) tauschen ihre Wahrnehmungen entlang der maßgebenden Kriterien aus. Überraschend dabei sind die häufig kontroversen Wahrnehmungen, die es zu reflektieren gilt. Wenn sich trotz intensiver Diskussion kein Konsens abzeichnet, liegt die letzte Verantwortung beim Schulleiter. Meist wollen die zuständigen Oberbehörden eine nachvollziehbare Rankingliste haben, die auch Abweichungen von der Leistungsziffer ausreichend begründet. Hier ist es sehr hilfreich, nachweisen zu können, dass sich aufgrund des leitfadenbasierten Interviews und seiner Kriterien unterschiedliche Passungen zur Schule ergeben haben. Es gehört zum guten Stil, auch den abgelehnten Bewerbern zeitnah eine entsprechende Nachricht zukommen zu lassen.

Besondere Aufgaben

Die Lehrauftragsverteilung

Jährlich – man kann damit früher oder später beginnen – steht die Erstellung der Lehraufträge an (meist ist der Kampf um eine auskömmliche Lehrerversorgung vorausgegangen). Dies ist an größeren Schulen eine sehr komplexe Aufgabe. Die Gesamtstundenzahl aller Lehrer – von Anrechnungsstunden und Ermäßigungen abgesehen – muss in Deckung gebracht werden mit den laut Stundentafel zu erteilenden Fachunterrichtstunden, der Gesamtunterrichtszahl. Dabei ist sowohl auf die besonderen Anforderungen der einzelnen Klassen als auch nach Möglichkeit auf die legitimen Interessen der Lehrer zu achten. Bei der Verwaltung dieser zum Teil sehr hohen Zahlen helfen die entsprechenden Schulverwaltungs- bzw. Stundenplanprogramme. Doch mit der Lehrauftragsverteilung gehen alljährlich wichtige pädagogische Entscheidungen einher: Wer wird in welcher Klasse Klassenlehrer? Mit wie vielen Wochenstunden soll der Klassenlehrer dann in der Klasse vertreten sein? Wie viele Jahre soll eine Lehrkraft eine Klasse in ihrem Fach unterrichten (ein, zwei, drei oder gar vier Jahre)? Wie soll das Team, das eine Klasse unterrichtet, zusammengesetzt sein? Wie viele Stunden soll eine Lehrkraft in dem einen, wie viele in ihrem anderen Fach unterrichten? (Ganz konkret: Wie viele korrekturintensive Deutschlehraufträge soll ein Kollege bei vollem Deputat übernehmen?)

Die Beantwortung all dieser Fragen würde leicht fallen, wenn einerseits alle Lehrer auf einem Spitzenniveau arbeiten würden und es andererseits keine Problemklassen an der Schule gäbe. So aber bedarf die Lehrauftragsverteilung allergrößter Sorgfalt und ist in der Praxis stark von pragmatisch orientierten Kompromissen geprägt.

Für die Schulleitung heißt das aber, die Kolleginnen und Kollegen in ihren Stärken und Schwächen, mit ihren besonderen Kompetenzen sehr gut zu kennen: Es gibt Kollegen, die über Führungsstärke verfügen, die eine natürliche Autorität ausstrahlen, die in der Regel auch eine komplizierte Klasse gut führen. Es gibt eher rigorose Kolleginnen und Kollegen, aber auch sehr einfühlsame und taktvolle. Es gibt Kollegen, die (vielleicht aufgrund ihrer eigenen schulischen Biografie) ein Auge für auf den ersten Blick leistungsschwächere oder leistungsstärkere Schüler haben und die in deren Förderung eine persönliche Herausforderung sehen. Es gibt Kollegen mit großer Bereitschaft, mit ihren Klassen etwas auf die Beine zu stellen, ins Schullandheim zu gehen oder eine Studienfahrt zu organisieren, während andere mit Mühe ihren Fachunterricht einigermaßen befriedigend auf die Reihe bekommen (manche vielleicht gebremst durch ihre häuslich-familiäre Situation). Es gibt Kollegen, die nicht nur eine Klasse gut führen, sondern auch das Lehrerteam einer Klasse immer wieder an einen Tisch bringen und aufeinander abstimmen und so die Klassenführung zu einem gemeinsamen Projekt machen. Schließlich gibt es Lehrer, die gelten als fachlich sehr anspruchsvoll, während anderen der Ruf vorauseilt, dass sie es locker angehen lassen und man mit wenig Mühe bei ihnen gute Noten erzielen kann. Und in der Tat geben bestimmte Lehrer unterm Strich bessere Noten (ohne dass die tatsächlichen Leistungen der Klasse vergleichsweise besser wären) als andere Kollegen. All das sollte man als Schulleiter bei der Vergabe der Lehraufträge vor Augen haben. Problematische Konstellationen fliegen einem früher oder später um die Ohren. Auch auf Klassenseite gibt es mitunter erhebliche Unterschiede. Es gibt einfach zu führende Klassen (oder liegt es wieder nur am Lehrer?), aber auch Klassen, in denen sich die Problemfälle (Schüler mit ADHS, Legasthenie, Asperger-Syndrom, unter Umständen auch Hochbegabte, Verhaltensauffälligkeiten etc.) häufen. Nicht jeder Lehrer ist für jede Klasse oder Klassenstufe in gleicher Weise geeignet.

Die Zuteilung der Lehrkräfte – es gibt hier wenige Tipps – erfordert eine gute Kenntnis der Kolleginnen und Kollegen (ihrer Stärken und Möglichkeiten) und der Klassen. Und dann vor allem viel Umsicht und Sorgfalt bei der Zusammenstellung der für eine Klasse verantwortlichen Teams. Es ist hilfreich, diesen Prozess nach Möglichkeit zusammen mit dem Stellvertreter wahrzunehmen.

Die sukzessive Erstellung der Lehraufträge über einen längeren Zeitraum hat sich bewährt. Erste vorläufige Festlegungen können durchaus schon im Frühjahr eines Jahres gemacht werden. Natürlich muss dann das eine oder andere mit dem Prozess der Lehrerzuweisung nochmals geändert werden. Neue Informationen aus einer Klasse (z. B. gehäufter Unterrichtsausfall durch hohe Fehlzeiten eines Kollegen) können zu einer neuen Entscheidung führen. Insgesamt macht dieses begleitende sukzessive Verfahren die Lehrauftragsverteilung sehr entspannt und es hat auch den Vorteil, dass man relativ früh und genau weiß, wo noch ein Fachmangel besteht, der sich dann über eine entsprechende Zuweisung eventuell noch abwenden lässt.

In manchen Schulen können die Kolleginnen und Kollegen Wünsche zum Deputat äußern, diese werden gezielt abgefragt oder die Fachschaften – was insbesondere an sehr großen Schulen Sinn macht – erstellen Vorschläge für die Abdeckung des Fachunterrichts. Es ist aber in jedem Fall hilfreich, angedachte Lehraufträge (und die damit einhergehenden Intentionen der Schulleitung) frühzeitig mit den Kollegen durchzusprechen (was bei einem sukzessiven Verfahren ohne Zeitdruck, aber immer unter dem Vorbehalt, dass sich vieles noch ändern kann, möglich ist). In solchen Gesprächen können in begründeten Fällen auch die besonderen Herausforderungen einer Zuteilung (»Diese Klasse ist sehr leistungsheterogen«, »In dieser Klasse gibt es einige auffällige Schüler«, »Diese Klasse ist im Stoff zurückgeblieben« etc.) und die entsprechenden Erwartungen an die Lehrkraft angesprochen werden.

Eigener Unterricht

Als Schulleiter hat man – je nach Größe der Schule – eine deutlich verringerte Unterrichtsverpflichtung, mindestens jedoch vier Stunden. Selbst einige Stunden zu unterrichten macht im Rahmen des neuen Berufsbildes des Schulleiters durchaus Sinn. Damit prägt man allerdings nicht die Qualität des Unterrichts der Schule, dafür sind die Lehrerinnen und Lehrer zuständig. Als Schulleiter muss man auch nicht der beste Lehrer der Schule sein – eine Schule lebt von vielen guten Lehrkräften. Dennoch sollte man trotz aller anderweitiger Verpflichtungen den eigenen Unterricht nicht vernachlässigen. Er trägt zur Akzeptanz und Glaubwürdigkeit bei Schülern, Eltern und Lehrern bei. Und man sollte den eigenen Unterricht nutzen, um selbst immer wieder Neues auszuprobieren: Neue Lernarrangements, neue Unterrichtsmethoden oder Formen des Feedbackgebens und -holens. So bleibt man am Ball und kann eigene Erfahrung sammeln, die für die unterrichtliche Qualitätsentwicklung der Schule von Bedeutung ist. Sich von den Schülerinnen und Schülern Feedback zum eigenen Unterricht zu holen, ist sehr sinnvoll und ein wichtiges Signal auch für die Kolleginnen und Kollegen.

Die Repräsentation der Schule

Eine Schule zu leiten ist mit repräsentativen Aufgaben verbunden. Zum einen geht es dabei um die Wahrnehmung von Terminen, an denen man als Schulleiter keine andere Funktion hat, als teilzunehmen und als Vertreter der Schule wahrgenommen zu werden (man spricht kein Grußwort, man stellt nicht offiziell die eigene Schule vor etc.). Je größer und anonymer eine Stadt bzw. Kommune ist, desto weniger repräsentative Termine in diesem engeren Sinn fallen an. In kleineren, ländlich geprägten Kommunen mag dies deutlich anders aussehen. Was ist der Sinn solcher Repräsentation? Kann man nicht einfach wegbleiben oder einen ohnehin am Ort wohnenden Kollegen schicken? Schule ist keine autonome Größe. In gewisser Weise gibt es auch für Schulen einen Markt und es gibt Abhängigkeiten. Jede Schule muss durch ihre (möglichst gute) Arbeit und damit einhergehend durch ihren obersten Repräsentanten wahrgenommen werden können, und das nach Möglichkeit mit hoher Konstanz. Es kann sein, dass man bei den nächsten Verhandlungen zur Schulerweiterung, zur Instandhaltung, zur Aufstockung der Sekretariatsstunden etc. auf diese Art bessere Karten in der Hand hat. Und im Kontext solch repräsentativer Verpflichtungen kann man nicht nur schicksalsergeben anwesend sein, sondern die Gelegenheit für Gespräche und Kontakte nutzen. Wenn sich mit Vertretern der Kommune (Bürgermeister, Stadtrat), des Landkreises, des Ministeriums, mit Abgeordneten, mit Firmenvertretern, mit Vereinsvorsitzenden etc. Gesprächsmöglichkeiten (und sei es zunächst nur ein angenehmer Smalltalk) ergeben, kann das mittel- und langfristig für die Schule von wichtiger Bedeutung sein. Natürlich muss man nicht auf jeder Hochzeit tanzen, aber insbesondere wenn man eine persönliche Einladung bekommt, sollte man sehr sorgfältig abwägen, bevor man absagt. In der Tat kommt man mit wichtigen Personen (potenzielle Sponsoren, Entscheidungsträger) am Rande solcher Veranstaltungen in Kontakt.

Repräsentation der Schule findet auch statt durch die Anwesenheit bei zahlreichen schulischen Veranstaltungen (Schultheater, Konzerte, Sportgala, Vorstellung von Projekten etc.). Hier wertet der Schulleiter sowohl für die Kolleginnen und Kollegen, die sich meist viel Mühe gegeben haben, als auch für die Schüler und ihre Eltern die Veranstaltung durch seine Anwesenheit auf. Das ist Ausdruck von Wertschätzung (und nebenbei erlebt man Schüler, Lehrer und Eltern in anderen Kontexten agieren) und hat viel mit Führung der Schule zu tun. Häufen sich diese Veranstaltungen (und an größeren Schulen ist das die Regel und spricht für ein lebendiges Schulleben) kann man sich die Termine mit dem Stellvertreter teilen und gegebenenfalls auch Mitglieder aus dem Schulleitungsteam mit der Wahrnehmung entsprechender Termine betrauen.

Ein besonderer Fall sind Auftritte, bei denen man ein Grußwort zu sprechen hat, zum Beispiel bei der Amtseinsetzung eines Kollegen in der Nachbarschaft. Das sind unter Umständen als lästig empfundene Termine (weil oft sehr zeitaufwändig und ermüdend), aber sie schaffen eine gute Gelegenheit, die eigene Schule durch die eigene Person zu repräsentieren. Ein zu sprechendes Grußwort sollte folgenden Kriterien genügen: Es sollte so persönlich bzw. herzlich und authentisch wie möglich sein; kurz, lebendig (vielleicht einen originellen Gedanken vertiefend), vielleicht eine spontane Situation kurz aufgreifend. Von lästiger Routine oder irgendwelchen Selbstabwertungen (»Zuletzt darf auch ich noch ein Grußwort sprechen«) sollte nichts zu spüren sein. Gerade die Kürze eines Grußwortes und auch seine rhetorische Qualität verlangen eine sehr sorgfältige Vorbereitung (man braucht im Vorfeld Zeit, um sich kurz zu fassen). Ohne auch nur ein Wort über die eigene Schule zu sagen, ist ein guter Auftritt immer eine Empfehlung für die eigene Schule!

Homepage

Der Homepage einer Schule kommt eine zentrale Bedeutung zu. Als Schulleiter sollte man selbst regelmäßig nachschauen, was dort zu finden ist. Wichtiger ist vielleicht die Frage, was nicht oder noch nicht auf der Homepage steht. Die Betreuung der Homepage sollte vom Schulleiter an eine Person seines Vertrauens und mit der hierfür nötigen fachlichen Kompetenz übergeben werden.

Die Homepage sollte aus der Sicht der möglichen Nutzer (in erster Linie sind das Eltern und Schüler, aber auch die Kollegen und Bewerber, mögliche Evaluatoren) so übersichtlich wie möglich aufgebaut sein. Sie sollte den Willen der Schule zu Klarheit und Transparenz ausdrücken. Neben den selbstverständlichen Erfolgsmeldungen und Einblicken in das Schulleben sollte sie so informativ wie möglich sein, allerdings stellt die Informationsfülle eine Herausforderung im Hinblick auf Übersichtlichkeit und Pflege dar. Das lässt sich auf unterschiedliche Weise realisieren. Es gibt Schulen, die ein alphabetisch aufgebautes Glossar anbieten. Andere setzen auf eine sachliche

Gliederung (Leitbild – Pädagogische Konzeption – Schulprogramm – Fächer – Jahresplan etc.) der angebotenen Informationen. Ein Serviceteil mit wichtigen schulinternen Formularen sollte nicht fehlen. Es ist sinnvoll, die Homepage immer wieder gezielt aus den unterschiedlichen Perspektiven und deren Informationsbedürfnissen durchzuschauen.

Ästhetische Gestaltung der Schule

Schule ist für die darin Arbeitenden (Lehrer und Schüler) auch ein Lebensraum. Schule soll ja auch Schule für das Leben und ein ganzheitlicher Erfahrungsraum sein. Als Schulleiter sollte man deshalb auch für diesen oft vernachlässigten Bereich ein Auge haben. So sehr die Funktionalitäten wichtig sind, so schön und angenehm sollte auch das Erscheinungsbild der Schule sein. Nun sind Neubauten von Schulen, Schulerweiterungen und Umbauten nicht gerade das Alltagsgeschäft. Wenn sie aber anstehen, ist es wichtig, diese seltenen Gelegenheiten gezielt zu nutzen und engagiert (und dafür gibt es gute Argumente) auch für eine attraktive Gestaltung zu kämpfen. Aber auch sonst ist es wichtig, die Schönheit der Schule im Auge zu haben:

- Welche farblichen Gestaltungen und Akzentsetzungen sind möglich?
- Welche Bereiche können immer wieder von den Schülern selbst gestaltet werden?
- Wo können Pflanzen in der Schule stehen?
- Wo sind Sitz- und Arbeitsecken möglich?
- Wie kann man Reinigungskräfte und Schüler in Kontakt bringen? (Wenn man sich kennt, wenn die Reinigung nicht quasi über Nacht und anonym stattfindet, sind die Schüler sensibler für Sauberkeitsfragen und den Umgang mit Müll: zum Beispiel Dienstbeginn der Reinigungskräfte kurz vor Ende der Unterrichtszeit; den Reinigungskräften in Vollversammlungen Gelegenheit geben, auf Problembereiche hinzuweisen.)
- Welche Möglichkeiten für Ausstellungen aller Art (Gegenstände aus dem [Kunst-]Unterricht, Plakate, Wanderausstellungen) gibt es an der Schule?
- Welche Bewegungsmöglichkeiten – insbesondere für die jüngeren Schüler – gibt es?

Kleiderordnung?

In vielen Berufen – Industrie, Wirtschaft, Banken – herrscht eine relativ strenge Kleiderordnung. In Schulen darf es hingegen durchaus bunt und vielfältig sein. Für die Schulleitung selbst hingegen gelten etwas andere Maßstäbe. Die Kleidung sollte durch ihren gehobenen Stil und durch Gepflegtheit das Amt, das man innehat, unterstreichen (das bedeutet für Männer nicht zwingend Anzug und Krawatte, aber es ist kein Fehler, gelegentlich auch ohne besonderen Anlass so zu erscheinen). Man hat es als

Schulleiter eben nicht nur mit Schülern und Lehrern zu tun, sondern hat Außenkontakte mit Eltern, Vertretern der Kommune und Wirtschaft etc. Die Kleidung, die man trägt, muss also allen Zielgruppen gerecht werden.

Und schließlich hat die Art, wie die Schulleitung sich kleidet, auch eine Vorbildfunktion für das Kollegium (übrigens wird die Art, wie man sich als Schulleiter kleidet – die neuen Schuhe, die neue Krawatte – von vielen Kolleginnen und Kollegen registriert, es wird darüber gesprochen. Auch was die Lehrerinnen und Lehrer tragen, wird von den Schülerinnen und Schülern registriert und bewertet). Eine Kleiderordnung für ein Kollegium zu erlassen hat wenig Sinn. Aber die Art, wie man sich als Schulleiter kleidet, bleibt nicht ohne Wirkung. Vor allem in größeren Schulen ist das nicht unwichtig. Junglehrer, Referendare, Praktikanten, aber auch Kolleginnen und Kollegen mit ihrer unterschiedlichen Prägung bringen zunächst unterschiedlichste Stile, sich zu kleiden – von gepflegt bis gezielt und provokativ schnodderig – mit ins Kollegium. Hier ist es wichtig, die Buntheit und Vielfalt an einer Schule zu bejahen und zuzulassen, aber zu signalisieren, dass bestimmte Standards, was Attraktivität und Gepflegtheit angeht, nicht unterschritten werden. Im Einzelfall kann auch einmal ein Gespräch mit einem Kollegen angezeigt sein.

Feiern

Es gibt immer wieder Gelegenheiten und Anlässe, etwas zu feiern. Ob es ein runder Geburtstag eines Kollegen ist, ein Preis, den die Schule gewonnen hat, eine gelungene Veranstaltung, für die sich alle eingesetzt haben, das gute Abschneiden bei der Fremdevaluation, die Eröffnung einer Ausstellung oder das herbeigesehnte Schuljahresende. Diese Gelegenheiten sollten wahrgenommen werden. Sie bieten die Möglichkeit, mit wenigen Worten Erfolge zu würdigen, Ereignisse im Rückblick zu deuten. Kolleginnen und Kollegen können konkret für bestimmtes Engagement gelobt werden. Es kann gezeigt werden, wie bestimmte Aktivitäten den Kurs der Schule prägen und die Schule in ihrem Bemühen voranbringen. Gemeinsam zu feiern fördert auch den Zusammenhalt. Hierfür auch gezielt finanzielle Mittel im Etat zu reservieren, mag zunächst fragwürdig erscheinen, ist aber auf die Dauer gesehen sicher eine lohnende Investition.

Verabschiedungen

Für Verabschiedungen von Kolleginnen und Kollegen, insbesondere für Verabschiedungen in den Ruhestand, sollte man sich viel Zeit im Vorfeld nehmen und mit Sorgfalt vorgehen. Neben eigenen Erinnerungen gibt eine Durchsicht der Personalakte meist viele Anregungen und fördert unter Umständen Dinge zutage, die weit vor der eigenen Zeit liegen. Auch das Gespräch mit langjährigen Wegbegleitern des ausscheidenden Kollegen kann hilfreich sein. Die differenzierte Würdigung der Berufsleistung der Kolleginnen und Kollegen wird von der gesamten Lehrerschaft registriert und zeigt ein Stück weit, was die Lehrerschaft der Schulleitung bedeutet. Was immer möglich sollte positiv hervorgehoben werden. Kritisches – insbesondere, wenn es sich um offene Geheimnisse handelt – kann sehr behutsam und zurückhaltend angesprochen werden, darf aber in keinem Fall verletzend sein. Wenn Konflikte angesprochen werden, dann offen und neutral und nie einseitig zu Lasten des Kollegen (statt »NN hatte ein Problem mit der Schulleitung« besser: »Wir konnten es nicht immer so gut miteinander« oder »NN hatte den Mut, sich gelegentlich mit der Schulleitung anzulegen und sehr offen seine Meinung der Schulleitung zu sagen«). Solche Formulierungen zeigen, dass die Schulleitung Konflikte wahrgenommen hat, sich damit in der Vergangenheit auseinandergesetzt hat und nichts unter den Tisch kehrt, auch wenn man sich in der Sache nicht immer geeinigt hat.

Fundraising

Die Haushaltsmittel, die einer Schule zur Verfügung stehen, sind knapp. Immer wieder drohen sinnvolle Projekte an fehlenden finanziellen Ressourcen zu scheitern. Seit Jahren stellt sich deshalb für Schulen die Frage, ob es gelingt, durch Fundraising und Sponsoring die eigene Ressourcenbasis zu erhöhen und damit Handlungsspielräume zu erweitern. Potenziell bessere Chancen, Sponsoren zu gewinnen, hat man,

- wenn die Schule einen guten Ruf in der Region hat (gelegentliche Presseberichterstattung über pädagogisch-konzeptionelle Innovationen).
- wenn Sponsoring bereits mehrfach praktiziert wurde.
- wenn man ein gutes Projekt vorhat, das sorgfältig aufbereitet und konzeptionell überzeugend und gut ausgearbeitet ist.
- wenn die Sponsoren eine Win-win-Situation feststellen, also für sich selbst einen Mehrwert entdecken können.
- wenn es nicht um bloße Anschaffungen, sondern um Umsetzungen von modellhaften Konzeptionen geht.
- wenn man nicht als (unterwürfiger) Bittsteller auftritt, sondern selbstbewusst seine Schule wie ein Unternehmen (man will mit der Schule etwas unternehmen, einen Mehrwert in Sachen Bildung, bessere Bildung etc. erzielen) präsentieren kann.

In den Verhandlungen ist auf Augenhöhe zu achten. Man sollte sich nur Sponsoren suchen, die selbst eine anerkannte Stellung und einen guten Ruf haben. Man darf nicht seine Handlungsfreiheit verlieren, sich nicht inakzeptable Bedingungen diktieren lassen.

Ist man in der glücklichen Situation, für ein Projekt Sponsoren gefunden zu haben, sollte man das Projekt sorgfältig dokumentieren und die Sponsoren regelmäßig über den Stand der Umsetzung informieren. Am Ende empfiehlt sich eine durchaus öffentlichkeitswirksame Abschlusspräsentation, in der auch die Rolle der Sponsoren würdigend hervorgehoben wird. Eine (am besten externe) Evaluation – das lässt sich mit den Sponsoren möglicherweise auch von vornherein so vereinbaren – erhöht den Eindruck der Professionalität seitens der Schule.

Strategien

Ethik und Moral im Schulalltag

Ethik und Moral spielen selbstverständlich in allen Lebensbereichen eine wichtige Rolle. Aber im täglichen Schulbetrieb vergisst man oft, dass so manche Tätigkeit große reale und zum Teil sogar existenzielle Bedeutung hat. Wenn zum Beispiel im Zusammenhang mit Beförderungen Machtspiele ausgetragen werden, bei denen es nicht um die Bewerberinnen und Bewerber, sondern um Alpha-Tierchen-Sein oder die machtvolle Stärkung oder auch Schwächung eines Bereichs geht, dann wird im Eifer des Gefechts manchmal vergessen, dass es um die berufliche Zukunft von ganz realen Menschen geht. Wenn es nicht mehr um die Sache, sondern um das Ego oder andere, mehr oder weniger »niedere«, Motive geht, dann ist dies ethisch und moralisch manchmal bedenklich. Hin und wieder eine Metaebene einzunehmen und über das Verhalten zu reflektieren, kann für einen selbst, aber auch für alle anderen, sehr hilfreich sein.

Größere Projekte erfolgreich managen

Bei größeren Vorhaben und Projekten ist oft mit deutlichen Widerständen im Kollegium zu rechnen. Zum einen entwickelt sich die Schule weiter, es kommt Ungewohntes, Neues auf die Kollegen zu. Das bedeutet mindestens über eine längere Anpassungsphase hinweg eine gewisse Mehrarbeit und Bereitschaft zur Umstellung für die von den Maßnahmen betroffenen Kollegen. Zum anderen ist das Projektmanagement selbst für eine Reihe von Kollegen mit vorübergehend höheren Belastungen verbunden. Dafür, dass Projekte erfolgreich werden, gibt es keine Garantie. Aber sicher lässt sich das vollständige oder teilweise Scheitern zahlloser Projekte auch mit handwerklichen Fehlern bei der Implementation erklären. Hier einige Tipps, die zum Erfolg beitragen können:

- von langer Hand im Kollegium ein Bewusstsein für den entsprechenden Änderungsbedarf aufbauen
  - Thematisierung des Entwicklungsbedarfs, des Problems in immer wieder neuen Kontexten (Framing)
  - positive sprachliche Konnotation herstellen
  - Würdigung der bisherigen Arbeit und Darstellung des Neuen als sinnvolle/konsequente Weiterentwicklung

- Lenkungsgruppe (falls vorhanden) einbeziehen
  - sachliche Vertiefung und Fundierung
  - Recherchen
  - Besuche anderer Schulen
- eine Arbeits- oder Projektgruppe durch die Gesamtkonferenz einsetzen
  - eventuell verbunden mit einem ersten Meinungsbild
  - Mandat/Auftrag festlegen
  - Meilensteine definieren
  - Zeitplan festlegen
- eventuell die Projektgruppe mit Ressourcen (Freistellungsstunden, eigener Etat) ausstatten
- regelmäßig in den folgenden Konferenzen Bericht erstatten
- eventuell eine Infowand zum Projekt im Lehrerzimmer aufstellen, mit der Gelegenheit für Rückmeldungen und Anregungen
- kontinuierliche Information der Elternschaft und der Schüler (Elternbeirat, Schülerrat) und der Schulkonferenz
- Begleitung der Projektgruppe durch die Schulleitung
  - Aufrechterhaltung der Motivation
  - Klärung von Fragen, für die die Schulleitung zuständig ist: Welche Ressourcen (Lehrerwochenstunden) werden bei der Realisierung des Projektes in der Implementationsphase und möglicherweise dauerhaft gebunden? Sind eventuell sächliche Anschaffungen und räumliche Anpassungen notwendig? Wer muss gegebenenfalls ins Boot geholt werden (Schulträger, Schulaufsicht)? Werden Sponsoren benötigt?
- Mitarbeitergespräche begleitend nutzen, Einzelgespräche führen; auf Keyholder/Meinungsführer zugehen
- Anregungen aufgreifen/Kompromiss-Szenarien entwerfen
- Vorläufigkeit des Projektes (z. B. dreijähriger Probelauf) ankündigen und Evaluation im Vorfeld mitplanen; erneute Entscheidung nach Durchführung der Evaluation ankündigen
- nach Zustimmungsbeschluss (eventuell sofort oder in der Folgekonferenz oder bei Projektstart) die Sektkorken knallen lassen und feiern!
- Eltern und Öffentlichkeit nach Zustimmungsbeschluss und bei Projektstart breit und ausführlich informieren (das schafft Verbindlichkeit, bedeutet Festlegung)
- Anfangsphase des Projekts kritisch begleiten, notwendige Korrekturen durchführen

Sitzungen – Strategien durchschauen und anwenden

Einen beachtlichen Teil seines Lebens verbringt man als Schulleiter in Sitzungen. Man leitet die Schulkonferenz und die Gesamtlehrerkonferenz, man nimmt an Fachschaftssitzungen und Klassenkonferenzen und Elternbeiratssitzungen teil. Man sitzt in der schulischen Lenkungsgruppe, man hat gemeinsame Sitzungen mit dem Personalrat und der Beauftragten für Chancengleichheit. Es gibt zahlreiche schulinterne Arbeitsgruppen, an denen man teilnimmt. Man nimmt an den Schulleitertagungen der Aufsichtsbehörde teil. Man wird in Prüfungskommissionen oder in Arbeitsgruppen des Kultusministeriums oder der Fortbildungsakademien berufen. Die Liste ließe sich durchaus verlängern. Nun sind Sitzungen ja oft spannend – manchmal aber auch todlangweilig. Hier sollten wir uns unbedingt von unseren Übersee-Kollegen etwas »abschauen«: Dort sind die Sitzungen ebenso sachlich und ebenso hart in der Sache, aber größtenteils doch viel lustiger. **Wenn man schon einen großen Teil seines Lebens in Sitzungen verbringen muss, dann soll es auch mit einem Mindestmaß an Spaß einhergehen.** Humor und Selbstironie sollten in Sitzungen nicht zu kurz kommen. Und die meisten Kolleginnen und Kollegen werden dankbar für jegliche Auflockerung sein. Viele Sitzungen sind brisant. Oft geht es um Ressourcenverteilung – wenn jemand bei gleichen Grund-Ressourcen mehr haben will, geht es zwangsläufig auf Kosten anderer; oder wenn bei einer Reduzierung der Grund-Ressourcen der Status erhalten werden möchte, dann beginnen ebenso die Kämpfe. Und schließlich: Wenn der Grund-Ressourcen-Topf vergrößert wird, dann wird darum gekämpft, wer am meisten abbekommt. Ressourcen-Kämpfe sind nur ein Beispiel für Interessenkonflikte, die häufig in Sitzungen auftreten. Nun gibt es sehr viele Strategien, die in Sitzungen zum Einsatz kommen. Es ist spannend, aber auch sehr wichtig, die Strategien der anderen zu erkennen und eventuell zu antizipieren. Und es ist wichtig, sich ein Bündel an eigenen Strategien zurechtzulegen, um diese entsprechend einsetzen zu können. Beispiele für häufig verwendete Strategien sind:

- *Win-win-Situationen schaffen.* Schafft man Win-win-Situationen, ist das fair und oft weiterführend. Meist funktioniert es nicht, nur nehmen zu wollen, ohne irgendetwas zu geben. Konstruktiv Dinge einzubringen und Entgegenkommen zu signalisieren, ist meist eine gute und wichtige Strategie. Unter anderem kann man bei für einen persönlich relativ unwichtigen Dingen nachgeben und sich bei den wichtigen Dingen dann darauf berufen, dass man vorher ja bereits nachgegeben hat.
- *Break bei Eskalation.* Wenn Sitzungen eskalieren, dann ist oft ein Break wichtig. Erst mal ein paar Minuten Pause machen, bis sich die Gemüter beruhigen – physiologisch ausgedrückt: bis sich die Amygdala beruhigt.
- *Entscheidende Gespräche vor den Sitzungen.* Die entscheidenden Gespräche finden vor den Sitzungen statt – persönliche Gespräche, Telefonate, E-Mails, SMS usw. Es ist zwar meist zeitaufwändig, Koalitionen zu bilden, aber es ist oft unerlässlich, wenn man auf einen Sitzungsbeschluss hinarbeitet.

- *Ablehnungen und Niederlagen vermeiden.* Wenn man von einer Mehrheit schon im Vorfeld weiß, dass sie einen unterstützt, dann kann man relativ beruhigt in die Sitzung gehen. Umgekehrt sollte man sehr vorsichtig sein, wenn sich abzeichnet, dass die Mehrheit nicht die eigenen Interessen vertritt. Wenn absehbar ist, dass hier auch nichts mehr zu ändern ist, dann kann Verbissenheit nur schaden – außer, man will noch einmal seine Argumente explizit erläutern, selbst wenn es am Beschluss nichts mehr ändern wird. Grundsätzlich sollte man Ablehnungen und Niederlagen bei Sitzungen vermeiden, das heißt es gar nicht so weit kommen lassen, wenn sie absehbar sind. Jeder offiziell abgelehnte Antrag bleibt den anderen (und einem selbst) im Gedächtnis und man hat es bei einem erneuten, selbst adaptierten Antrag in der Regel schwerer, wenn Ähnliches schon einmal abgelehnt wurde.
- *Sich bedeckt halten.* Wenig bis nichts bis zum entscheidenden Punkt der Sitzung zu sagen, ist eine Strategie, die häufig zum Einsatz kommt. Man sollte diese Strategie erkennen. Durch sie bleiben Personen undurchschaubar und damit unberechenbar und unvorhersehbar. Die Undurchschaubarkeit einer Person erhöht sich dadurch, dass sie sehr unterschiedlich in Sitzungen handelt, das heißt kein eindeutiges Profil zu erkennen gibt. Je durchschaubarer jemand ist, desto eher können die anderen dies in ihren Argumentationen und Handlungen berücksichtigen. Aber ein solches unvorhersehbares Verhalten ist natürlich auf Dauer auch schädlich, man wirkt dann wie ein »Fähnchen im Wind« oder wie jemand, der keine klare Linie fährt.
- *Zermürbend repetitiv sein.* Sehr viel reden und möglichst immer dasselbe sagen erachten so manche als strategisch sinnvoll. Wenn man penetrant und trotz Gegenargumenten immer wieder einfach dasselbe – eventuell in leicht anderen Worten – sagt, dann wirkt das auf die anderen zermürbend, und irgendwann hat keiner mehr Kraft und Lust, etwas zu entgegnen. Penetranz setzt sich oft durch – vor allem zur Abendstunde, wenn alle eigentlich nach Hause möchten. Natürlich schafft man sich dadurch auch einen gewissen Ruf, und man sollte sich genau überlegen, ob man das möchte – eine gute und wertschätzende Art, mit Kolleginnen und Kollegen umzugehen, ist das sicherlich nicht, auch wenn die Strategie manchmal zum angestrebten Ziel führen kann. Aber es ist auf jeden Fall wichtig, diese Strategie zu kennen und vor allem zu erkennen.
- *Ermüdung anderer nutzbar machen.* Vor allem als Leiter einer Sitzung kann man diese sehr in die Länge ziehen und entscheidende Punkte noch zu später Stunde einbringen. Dann ist oft schon die Kraft der meisten Kolleginnen und Kollegen geschwunden, und man hat ein relativ leichtes Spiel, eigene Interessen durchzusetzen. Auch das ist natürlich bezüglich der Wertschätzung der anderen problematisch. Aber auch diese Strategie sollte man kennen und vor allem erkennen.
- *Sich naiv stellen.* Sich naiv zu stellen kann dazu führen, dass man von den anderen unterschätzt wird. Und unterschätzt zu werden ist oft eine ausgezeichnete Position, weil man im entscheidenden Moment aus der scheinbaren Naivität »auftauchen« und dadurch unerwartete Wendungen bei Sitzungen initiieren kann. Natürlich muss man dabei auch immer das Impression-Management im Auge haben. Grundsätzlich als Naivling zu gelten geht mit nicht unerheblichen »Kollateralschäden« einher.
- *Informationsmacht nutzen.* Informationen sind Macht – man muss sich sehr gut überlegen, welche Informationen man wann in Sitzungen einbringt. Bestimmte Informationen und bestimmtes Wissen nicht zu äußern, kann Entscheidungen maßgeblich beeinflussen.

- *Nicht-Leitung und Leitung von Sitzungen nutzen.* Wenn man Interessen bei einer Sitzung durchsetzen möchte, ist es insbesondere für relativ unerfahrene Personen ungeschickt, die Sitzung zu leiten. Falls jemand schon die höheren Weihen der Diplomatie hat, dann kann sie oder er jedoch als Vorsitzende bzw. Vorsitzender einer Arbeitsgruppe durchaus die Fäden in der Hand halten und Einfluss auf das Geschehen und dessen Ausgang nehmen, zum Beispiel durch eine geschickte Wahl der Reihenfolge der abzustimmenden Punkte. Man kann den Eindruck von Neutralität erwecken und doch durch scheinbare Kleinigkeiten sehr starken Einfluss auf die Resultate nehmen.

In Kommissionen mitzuwirken bedeutet zunächst, dass man informiert ist und seine Interessen einbringen kann. Es ist aber immer auch eine Zeitfrage, sodass man sehr genau Nutzen und Kosten abwägen muss.

Und zu guter Letzt: Wie man in Sitzungen handelt, hängt oft auch von ethischen Prinzipien ab – beispielsweise, wenn es darum geht, wie kalkulierend oder auch unehrlich man handelt. Das ist eine Frage, die jede und jeder für sich selbst klären muss. Man kann durchaus mit ethisch vertretbaren Methoden sehr viel erreichen – langfristig ist solches Verhalten wohl besser als ethisch fragwürdiges; und dies sowohl im Hinblick auf einen selbst als auch in der Wirkung auf andere.

Vorbereitet sein, wenn man den vertrauten Kontext verlässt

Als Schulleiter hat man in der Regel eine sehr lange Schulsozialisation hinter sich. Man kennt diese Welt dann sehr gut und findet sich meist recht gut in ihr zurecht. Zum Beispiel kann man sich auf Situationen wie Konferenzen und Prüfungen gut einstellen und weiß, was auf einen zukommt. Nun verlässt man aber hin und wieder diesen Kontext, zum Beispiel wenn man als Experte zu Vorträgen oder Aktivitäten (z. B. Leitung eines Workshops) außerhalb der eigenen Schule eingeladen wird (z. B. Wirtschaft, Politik, Universität, Vereine). Hier begibt man sich in mehr oder weniger unbekanntes Terrain, und die Erwartungen an Schulleiter sind in der Regel hoch – ein suboptimaler Auftritt kann hier schnell schädlich für das eigene Renommee und damit auch das der Schule sein. Es ist daher sehr wichtig, sich auf Aktivitäten außerhalb des eigenen, vertrauten Kontexts besonders vorzubereiten. Hier ein paar Anregungen:

- *Infos einholen.* Man sollte möglichst viele Informationen über die dort anwesenden Personen, deren Interessen, Vorwissen und Hintergründe einholen. Zudem kann man sich informieren, wie ähnliche Veranstaltungen bisher verlaufen sind (Stimmung, Umgangston, Fairness, Ausmaß an Konstruktivität, ...). Eine weitere wichtige Informationsquelle im Vorfeld sind gegebenenfalls Einladungsschreiben – diese kann man anfordern und sie sich ansehen (hier sind zum Teil Erwartungen formuliert; man sieht, ob die anwesenden Personen freiwillig gekommen sind oder kommen mussten – was für die Stimmung und Erwartungen wichtig sein kann).

- *Probleme antizipieren.* Es ist immer klug, potenzielle Probleme zu antizipieren und sich entsprechende Lösungen zu überlegen (z. B. starkes Polarisieren von anwesenden Personen, persönliche Angriffe, ...).
- *Erwartungen abklären.* Es ist gut, im Vorfeld zu klären, welche Erwartungen genau an einen gestellt werden – unterschiedliche Erwartungen sind häufig eine Ursache größerer Missverständnisse und verunglückter Veranstaltungen.

Den Schulkontext manchmal zu verlassen, ist sicher spannend, und man lernt viel Neues. Man begibt sich gleichzeitig ein Stück weit immer auch aufs Glatteis – aber man kann einiges tun, um Stürze und eventuell sogar Knochenbrüche zu vermeiden.

Die Gestaltung des Tages

Start in den Tag

Es gibt Schulleiter, die sind morgens die Ersten in der Schule. Das ist in keiner Weise zwingend. Doch dem Start in den Schultag kommt angesichts der Herausforderungen insbesondere eines Schulvormittags eine besondere Bedeutung zu. Obwohl und gerade weil der Schulvormittag nur eingeschränkt planbar ist, sollte er mit großer Besonnenheit und täglich neuer innerer Gelassenheit beginnen. Die Sichtung der bereits bekannten und geplanten Aufgaben sollte erfolgen, mögliche Termine sollten vorab in Gedanken durchgespielt werden. Grundsätzlich kann das auch am Vorabend geschehen. Bevor der Trubel des Schulvormittags beginnt, ist es auch sinnvoll, sich mit dem Stellvertreter und der Sekretärin abzusprechen und die Linie für bestimmte Termine, anstehende Entscheidungen oder Gespräche vorzugeben oder zu vereinbaren.

Der Vormittag

Man weiß als Schulleiter, was vormittags auf einen zukommen kann. Das kann viel und vor allem sehr viel Unvorhergesehenes (insofern weiß man es nicht) sein. Darauf sollte man eingestellt sein. Anrufe, Beschwerden, Kriseninterventionen können zu den vormittags geplanten Terminen hinzukommen. Telefonate, E-Mails, Post fallen ohnehin täglich an. Das bedeutet oft Aufgaben- und Themenwechsel mitunter im Minutentakt. Niemand ist gedient, wenn man sich in solchen Situationen – auch wenn es sachlich durchaus gerechtfertigt wäre – mit der Attitüde des Gestressten umgibt. Jeder hat das Recht, unvoreingenommen gehört zu werden, der nachfolgende Gesprächspartner kann nichts für die eventuell schlechten Nachrichten im vorauslaufenden Gespräch. Um das hinzubekommen, ist man Schulleiter! Also hält man sich die Unterrichtsvormittage nach Möglichkeit von bestimmten Terminen und Aufgaben frei. Es gibt ja auch Nachmittage. Freilich ist auch hier die Tendenz zu erhöhter Frequenz zu beobachten, da die Unterrichtsdichte insbesondere an Gymnasien auch an Nachmittagen zugenommen hat oder in Ganztagsschulen zahlreiche Nachmittagsangebote stattfinden. Dennoch ist es nachmittags ruhiger. Ungestörte Gespräche, Teamsitzungen, konzeptionelles Arbeiten, eigene Unterrichtsvorbereitung, eigene Korrekturen, Schreiben von Beurteilungen sind also Dinge, die von vornherein in die Nachmittage (oder in die in der Regel ebenfalls etwas ruhigeren ersten Vormittagsstunden) geplant werden sollten.

Kleine Pausen

Die alltägliche Arbeit, insbesondere am Vormittag während des normalen Schulbetriebs, ist durch zahlreiche kleine Pausen unterbrochen. Wenige Minuten zwischen zwei Terminen; eine viertel Stunde bis zu einem Unterrichtsbesuch etc. Aufaddiert sind diese kleinen Pausen eine Menge Zeit. Mit einiger Übung lässt sie sich konstruktiv nutzen. Es ist die Frage, wie gut es einem gelingt, bereits gesponnene Fäden jederzeit wieder aufzugreifen und dort weiterzumachen, wo man aufgehört hatte oder unterbrochen wurde. Nutzt man diese oft ungeplanten Lücken – sei es, dass man einen Elternbrief, den man bereits konzipiert hat, zu Ende schreibt, sich Gedanken für eine bevorstehende Konferenz notiert oder Eckpunkte für ein schwieriges Mitarbeitergespräch sammelt – hat man unterm Strich viel Zeit gespart, die man anderweitig gut nutzen kann. Man ist spätestens bei der Reinschrift oder Überarbeitung des so Entstandenen oft erstaunt, welche Gedanken man auf diese Weise bereits zu Papier gebracht hat. Diese Haltung lässt sich trainieren und trägt zunehmend zur Effizienz bei.

Abends und/oder am Wochenende arbeiten?

Diese Frage muss jeder für sich selbst entscheiden. Die Regel allerdings sollte abendliche und Wochenendarbeit nicht sein! Zum einen gibt es für Schulleiter zahlreiche Termine im Schuljahr, die abends stattfinden: Schulkonferenz, Elternbeirat, Theater- und Konzertaufführungen und viele sonstige Anlässe, die die Anwesenheit des Schulleiters als Repräsentanten der Schule erfordern. Es empfiehlt sich, den Umfang der abendlichen Arbeit klein zu halten (stattdessen die Zeit am Vormittag und Nachmittag optimal ausnutzen). Das Gleiche gilt für Wochenenden. Dennoch macht es in Einzelfällen Sinn, sozusagen abends oder an einem gelegentlichen Wochenende in Klausur zu gehen. Und zwar immer dann, wenn in großer Ruhe ein komplexeres Thema/Projekt anzugehen ist oder wenn dermaßen viele Dinge, die abgearbeitet werden müssen, sich angestaut haben. Man lebt anschließend befreiter, wenn der Schreibtisch wieder sichtbar ist, sich das Gefühl des Überblicks und alles im Griff zu haben wieder einstellt.

Feierabend

Als Schulleiter hat man den Vorteil eines eigenen Büros in der Schule. Es macht Sinn, die volle Arbeitszeit vor Ort in der Schule zu verbringen (die Kollegen, Schüler und Eltern schätzen diese Präsenz). Aber man sollte sich in aller Regel einen echten Feierabend und schulfreie Wochenenden gönnen. Das bedeutet, nach Möglichkeit keine schulischen Arbeiten und Aufgaben mit nach Hause zu nehmen. Das ist kein Plädoyer für weniger Arbeit, sondern für eine klare Trennung zwischen Arbeit und Freizeit/Familie und für eine gesunde, als persönlich passend erlebte »Work-Life-Balance«.

Schreibtisch

Als Schulleiter hat man es täglich mit einer Fülle von unterschiedlichsten Papieren, die auf den Schreibtisch kommen, zu tun. Je nach Größe der Schule laufen dort unterschiedliche Prozesse und Projekte. Die Fachschaften tagen und schreiben Protokolle, Beurteilungen sind zu verfassen (dazu gibt es gegebenenfalls Stellungnahmen der Fachbetreuer). Einladungen kommen auf den Tisch, Fachzeitschriften, Angebote, Entwürfe, Vereinbarungen und vieles andere mehr. Selbst wenn man großzügig aussortiert und vieles gleich im Papierkorb verschwinden lässt, ist der tägliche Papierberg (trotz Zeiten von E-Mail und Internet) enorm. Ein allzu voller Schreibtisch verführt dazu, die Übersicht zu verlieren und kann auch hinderlich sein, sich auf die eine gerade anstehende Aufgabe zu konzentrieren. Es ist also zum einen hilfreich, nach Wichtigkeit zu sortieren, und zum anderen ein sehr gut durchdachtes und effizientes Wiedervorlage- und Ablagesystem zu haben. Rektorat und Sekretariat (wer legt was ab?) sollten dabei gut aufeinander abgestimmt sein.

E-Mails

E-Mails sind ein Segen, erleichtern sie doch die schnelle Kommunikation (falls man noch einer Generation angehört, die einen Teil des Lebens nur mit der gelben Post oder einem gelegentlichen Fax gearbeitet hat). Dank dieser Möglichkeit lassen sich häufig Informationen schnell beschaffen und Entscheidungen herbeiführen. Auf der anderen Seite verursachen sie eine enorme Informationsflut und setzen einen selbst durchaus auch unter Druck. Es gibt verschiedene Möglichkeiten – hier muss auch jeder seinen eigenen Stil finden – mit diesem Sachverhalt umzugehen. Eine erste Frage: Wer erhält die E-Mail-Adresse des Schulleiters? Welche Adresse ist auf der Homepage hinterlegt? – Es ist zu prüfen, ob man die E-Mails erst im Sekretariat auflaufen und dort vorsortieren lassen will. Insbesondere in kleineren Schulen ist es aber sinnvoll, dass der Schulleiter auch direkt anschreibbar ist. Unabhängig davon steht man natürlich mit einem mehr oder weniger großen Netzwerk in einer Kommunikation unterschiedlicher Dichte. Oft gehen Korrespondenzen mehrfach hin und her. Dabei ist schnelle Bearbeitung angezeigt. E-Mails (markiert) sozusagen auf Halde zu legen, häuft Arbeit an (bis auf die Dinge, die sich durch Aufschieben irgendwie von selbst erledigen). Schnelle Reaktion, sofortige Bearbeitung und Entscheidungsfreude machen einen zu einem verlässlichen Partner und machen auch wieder den Kopf frei für andere Aufgaben. Es empfiehlt sich, täglich eine Phase für den E-Mailverkehr einzuplanen, zum Beispiel vor oder während der ersten Schulstunde, oder die zahlreichen kleinen Pausen dafür zu nutzen. Der Ton sollte freundlich, der Text möglichst knapp und informativ sein. Die Kommunikation sollte auf Augenhöhe und alle gleichbehandelnd sein.

Gesund und motiviert bleiben

Coaching?

Das klingt paradox: Aber jeder Mensch kennt sich selbst nur ein Stück weit. **Schulleitung ist in sozialer Hinsicht ein äußerst fordernder Beruf und ein Selbsterfahrungsprogramm par excellence,** insbesondere dann, wenn man sich darauf einlässt, wenn man ausreichend neugierig auf sich selbst ist. Schulleitung ist in gleichem Maße auch ein nie abbrechendes persönliches Lernprogramm, weil selbst nach Jahren immer wieder neue Situationen auftauchen, man sich mit neuen Herausforderungen konfrontiert sieht, neue Lehrergenerationen (mit zunehmender Altersdistanz zur eigenen Generation und ihrer typischen Prägung) ihren Dienst an der Schule aufnehmen, man es mit einer langsam, aber stetig sich verändernden Elternschaft und einer immer wieder neuen Jugend zu tun hat. Auch die gesellschaftlichen Herausforderungen und (bildungspolitischen) Großthematiken wechseln in mittleren Zyklen. Bei aller Treue zum eigenen Kern gilt es doch, am Ball zu bleiben, sich den neuen Herausforderungen zu stellen, das heißt flexibel und lernfähig zu bleiben und tatsächlich auch zu lernen und sich zu verändern. Auf der anderen Seite gewinnt man über die Jahre in seiner Rolle an Sicherheit, es spielen sich Routinen ein, man bildet Gewohnheiten aus. Damit sind Konfliktlinien vorprogrammiert. Brechen Konflikte offen aus, sollte man nicht vorschnell (aus hierarchisch übergeordneter Position und mit Verweis auf die eigene Berufserfahrung) auf dem eigenen Rechthaben beharren, sondern seine eigene Rolle selbstkritisch hinterfragen können. Doch das will gelernt und regelrecht eingeübt (habitualisiert) sein. Mitunter sind dann auch offene Konflikte die Momente, in denen Bereitschaft zur angeleiteten Reflexion, zu Supervision und Coaching wächst. Es geht aber auch vorausschauend und vorbeugend. Hinzu kommt, dass es Schulleitern häufig an Partnern für offene Gespräche fehlt. In regelmäßigen Abständen – je nach persönlichem Bedarf – an einem Coaching teilzunehmen (vielleicht zusammen mit dem Schulleitungsteam) empfiehlt sich also und kann eine große Bereicherung sein. Allerdings gilt es, den Coach sorgfältig auszuwählen. Er sollte in seinem Metier gut sein (dazu gehört, über sozial-psychologisches Hintergrundwissen zu verfügen), ohne aus dem Schulbereich zu kommen, da sonst wichtige Perspektivenwechsel nur schwer vollzogen und angenommene Selbstverständlichkeiten nicht hinterfragt werden können. Wichtig ist eine von großer Offenheit (man muss sich als Schulleiter ja auch mit seinen Schwächen zeigen können) geprägte Vertrauensbasis.

Kollegialer Austausch/Intervision

Als Schulleiter steht man unter einem enormen Erfolgsdruck. Letztendlich kann man sich für alles an der Schule verantwortlich fühlen und auch dafür verantwortlich gemacht werden. Eine Gefahr im Umgang mit diesem Druck besteht darin, alles – und damit sich selbst – als erfolgreich darzustellen. Eine verständliche und gefährliche Strategie, die vor allem zu Einsamkeit beitragen kann. Ein nüchterner oder bewusst kritischer Blick auf die eigene Schule – niemand kennt sie besser als der Schulleiter – zeigt die meist zahlreichen Baustellen, liegen gebliebenen Entwicklungen, halbherzige oder suboptimale Lösungen. Man weiß, welche Fässer man nicht aufmacht aus Angst, dass man den Deckel nicht mehr drauf bekommt, welche Personalprobleme man ungelöst oft über Jahre vor sich herschiebt, welche Gespräche man nicht führt. Ungern lässt man sich von Schulleiterkollegen – selbst wenn sie von einer weit entfernten Schule kommen – in die Karten schauen. Hat man Angst, Unfähigkeit einzugestehen? – Dies jedoch ist eine völlig falsche Sichtweise. Es geht gar nicht um die Frage der Fähigkeit oder Unfähigkeit, eine Schule zu führen, sondern um die Unfähigkeit zur Ehrlichkeit, zum offenen Austausch von Erfahrungen und um gegenseitige Stützung. Nur selten entsteht in sehr geschützten Räumen diese Atmosphäre der konstruktiven Ehrlichkeit.

Die Dinge nicht persönlich nehmen

Um sich schlaflose Nächte zu ersparen und nicht zu denken, man sei von vielen Feinden umgeben, ist es wichtig, die Dinge nicht persönlich zu nehmen. Es geht an Schulen sehr häufig um Ressourcenverteilung im weitesten Sinne. Und um Ressourcen wird nun mal gekämpft, was ja niemandem zu verübeln ist. Wenn die/der eine mehr haben will, heißt das oft zwangsläufig, dass die/der andere weniger bekommt. Ob es sich bei diesen Ressourcen nun um Gelder, eine Beförderung oder das Mitwirken in Gremien handelt – es geht meist in erster Linie darum, ein möglichst großes Kuchenstück abzubekommen. Und Persönliches spielt hierbei meist eine sehr untergeordnete Rolle. Dies sollte man sich immer wieder bewusst machen, da man sich sonst sehr schnell und häufig persönlich angegriffen fühlt und dies die Zusammenarbeit sehr schwierig gestalten kann. Da es sich an Schulen oft um einen kleinen Kreis von Personen handelt, mit denen man regelmäßig zu tun hat und mit denen man in der Regel auch sehr langfristig zusammenarbeitet, ist es alles andere als empfehlenswert, diesen Personen Handlungen zu verübeln, die nachvollziehbar sind und bei denen es um die Sache und nicht um die Person geht. Sicher gibt es auch Fälle, in welchen man persönlich angegriffen wird – diese sind aber in der Regel sehr selten, und man muss sich auf solche »Spiele« nicht einlassen. Dinge nicht persönlich zu nehmen ist für das seelische und körperliche Wohlbefinden sehr wichtig, es ermöglicht eine gewisse Gelassenheit, durch die man seine Ziele zuweilen eher als durch Verbissenheit erreichen kann. Und nehmen Sie es auch nicht zu persönlich, wenn andere etwas persönlich nehmen.

Das passende Maß an Distanz finden

Nur allzu schnell identifiziert man sich mit Dingen – mit Rollen (»der Schulleiter«), mit Ideen, mit seinen konzeptionellen Vorstellungen, mit seiner Schule. Identifikation bedeutet ja auch, dass man die Dinge und sich selbst wichtig nimmt, dass einem etwas an den Dingen und einem selbst liegt. Aber oft ist eine gewisse Distanz sehr wichtig, um eine gesunde Außenperspektive (im Sinne einer Meta-Ebene) aufrechtzuerhalten. Wenn wir zu sehr in den Dingen und in uns selbst aufgehen, dann können wir nur eingeschränkt Monitoring (das heißt Beobachten der eigenen Handlungen) betreiben und wir werden schnell zu einer von anderen und auch von uns selbst unkontrolliert gesteuerten Marionette. Wenn wir keine Distanz mehr bewahren können, dann können wir auch nicht mehr abschalten, dann *werden* wir unsere Arbeit. Aber gerade im Beruflichen sollte uns immer wieder klar sein, dass wir in unterschiedlichen Kontexten unterschiedliche Rollen spielen – in oft sehr wichtigen, interessanten und spannenden Kontexten. Die große Kunst ist es, das Ausmaß an Distanz zu den Dingen und zu sich selbst zu bestimmen, das heißt regulieren zu können. **Wir schaden uns, der Sache und sicher auch unseren Kolleginnen und Kollegen (und auch unseren Freundinnen und Freunden), wenn es uns nicht gelingt, einen gesunden, selbstbestimmten und veränderbaren Abstand zu den Dingen und zu uns selbst zu bewahren.** Ein erster Schritt könnte darin bestehen, sich nicht zu wichtig zu nehmen – und das gelingt so manchen Schulleiterinnen und Schulleitern nicht. Das Verrückte daran ist, dass man sich selbst schon ziemlich wichtig sein muss, um sich nicht so wichtig zu nehmen.

Paranoia ist spannend – aber nicht empfehlenswert

»Warum ist der so nett zu mir? – Der muss etwas von mir haben wollen.« »Ein Fehler, ein Missgeschick! Dass ich nicht lache: Ein übler Versuch, vage Formulierungen für die eigenen Zwecke zu missbrauchen.« »Die haben sicherlich hinterrücks Pläne geschmiedet – sich gegen mich verbündet.« – Sehr schnell verfällt man im (scheinbaren) Haifischbecken der Paranoia. Es ist manchmal eine Gratwanderung zwischen einem gesunden Maß an Vorsicht und Skepsis auf der einen Seite und paranoiden Vorstellungen auf der anderen. Problematisch wird es spätestens dann, wenn man anderen grundsätzlich böse Absichten unterstellt und in jeder Handlung einen mehr oder weniger offenen Angriff sieht. Und noch problematischer wird es, wenn ein Transfer der Paranoia ins Private stattfindet. Es ist wie in der Statistik mit den Alpha- und den Beta-Fehlern: Wenn man vielen Menschen vertraut, dann wird das Vertrauen hin und wieder missbraucht werden; und wenn man vielen Menschen misstraut, dann tut man immer wieder einigen davon Unrecht. Wirklich hilfreich ist auch hier die Meta-Ebene. Solange wir uns über unsere schwierige Gratwanderung bewusst sind, können wir das Ausmaß an Vertrauen und Misstrauen steuern. Schwierig wird es nur dann, wenn wir das nicht mehr können. Hier ist auf jeden Fall Monitoring angesagt und gegebenenfalls ein Coach zu Rate zu ziehen. Das Paranoia-Problem ist weit verbreitet an Schulen (und natürlich auch anderswo), und **es kann wirklich unangenehm werden, wenn wir verlernen, unseren Kolleginnen und Kollegen mit einer gewissen Offenheit und mit Vertrauen zu begegnen** (»Oder führen sie doch etwas im Schilde?«).

Sensibilität für Rollenkonflikte entwickeln

Als Schulleiter springt man ständig in verschiedene Rollen: »Cool, calm and collected« als Vorsitzender der Schulkonferenz, der Kritische bei der Abnahme einer Lehrprobe, der Kreativ-Aufgeschlossene bei der Planung von Entwicklungsprojekten, der Mentor beim Gespräch mit Junglehrern und der nette, auch über Persönliches sprechende Kollege beim Hock am Schuljahresende. Aber häufig passiert es, dass der nette Kollege, mit dem man eben noch einen Kaffee getrunken hat und mit dem man per Du ist, als Lehrer vor einem sitzt, über den sich Eltern beschwert haben. Oder man sitzt abends bei der Weihnachtsfeier neben der Sekretärin, mit der man eben noch ein Konfliktgespräch geführt hat. Das sind alles typische und gar nicht selten auftretende Situationen, in denen Rollenkonflikte entstehen können, die alles andere als angenehm sind. Es ist wichtig, sich immer seiner aktuellen Rolle bewusst zu sein und entsprechend dieser aktuellen Rolle auch zu agieren. Beim Zielgespräch mit Kolleginnen und Kollegen ist man beispielsweise Betreuer, Mentor oder Prüfer – aber nicht Freund. Und wenn man im Regen neben einem Mitarbeiter steht und auf den Bus wartet, ist man in diesem Moment ein am Regen Leidender – aber nicht Prüfer. Häufig ist es nicht einfach, die aktuelle Rolle zu definieren und entsprechend zu handeln. Kompliziert kann es werden, wenn ganz verschiedene Personengruppen zusammen sind – wie beispielsweise in der Mensa, wenn Kolleginnen und Kollegen und Schülerinnen und Schüler an einem Tisch sitzen. Eindeutige Lösungen gibt es häufig nicht. Aber es hilft, wenn man sich seine aktuelle Rolle häufig bewusst macht und eine Sensibilität für sein Leben in Schulleiterrollen entwickelt.

Auf die eigene Gesundheit achten, Überforderungen vorbeugen

Als Schulleiter hat man relativ viele Freiheiten – auch im Hinblick auf das Ausmaß an Arbeitszeit. Erfahrungsgemäß arbeiten Schulleiter (mit wenigen Ausnahmen) eher am oberen Limit und manche laufen Gefahr, krank zu werden (psychische, physische und psychosomatische Beschwerden, zum Beispiel Erschöpfungsdepressionen, chronische Rückenschmerzen, Schlafstörungen, Tinnitus, Neurodermitis, ...). Es ist wichtig, regelmäßig sein Arbeitspensum zu reflektieren und sich bei Überforderung die »Warum-Frage« vor dem Hintergrund eines Ressourcenkonzeptes zu stellen: Wie viel Lebenszeit will man warum und wann in berufliche Tätigkeiten investieren? Problematisch ist beispielsweise ein überhöhtes Arbeitspensum infolge des Bestrebens, seinen Selbstwert durch berufliche Anerkennung aufrechtzuerhalten bzw. zu erhöhen. Dies wäre ein endloses und auch wenig erfolgversprechendes Unterfangen, da sich der eigentliche Wert eines Menschen nicht auf Leistung gründet und man sich letztlich nie wirklich wertvoll finden kann, wenn man nicht unabhängig von den erbrachten Leistungen zu der Überzeugung gelangt, als Mensch per se wertvoll zu sein. Zudem birgt das Streben nach Wert durch Leistungserbringung stets die Gefahr, anderen dieses (falsche) Prinzip (z. B. indirekt) zu vermitteln und ihnen das Gefühl zu geben, sie seien als Menschen nichts wert, wenn sie nicht bestimmte Leistungen erbringen. Im Hinblick auf die Gesundheit sollte der »berufliche Wert« auf jeden Fall vom Selbstwert getrennt betrachtet werden. Dies ist eine uralte Weisheit, die in vielen Religionen und philosophischen Richtungen thematisiert wird. Sie klingt sehr einfach – es kann jedoch sehr schwierig sein, diese Idee »zu verinnerlichen«. Sein Arbeitspensum regelmäßig zu reflektieren kann davor schützen, dass man gesundheitlichen Schaden nimmt. Und Gesundheit ist zweifelsohne etwas vom Wichtigsten, wenn nicht überhaupt das Wichtigste im Leben. Ein großer beruflicher Stressfaktor, der oft unterschätzt wird, ist das Pendeln. Viele Pendler werden im Laufe der Zeit mobilitätsmüde: Wenn man ohnehin jede Woche fünf Stunden im PKW/Bus/Zug sitzt, dann will man nicht auch noch zu einer abendlichen Schulveranstaltung fahren oder am Wochenende einen Ausflug machen. Das heißt: Pendelzeit zu reduzieren kann auf lange Sicht gesehen sehr wichtig sein.

Hintergrund und Rahmenbedingungen

Bildungspolitik

Schulleiter leiten eine Schule. Sie tun das im Rahmen der staatlichen Vorgaben, Gesetze und Verordnungen mehr oder weniger letztverantwortlich. Die Schulaufsicht ist in der Regel weit weg und mischt sich in das Geschehen vor Ort nicht ein. Auf die (Bildungs-)Politik – egal welcher Couleur – zu schimpfen, ist unter Lehrern und auch unter Schulleitern weit verbreitet. Es ist auch einfach zu sagen, wie gut man Schule machen könnte, wenn man eine bessere Lehrerversorgung hätte, wenn die Klassen kleiner wären, wenn die Lehrer besser ausgebildet wären, wenn man eine bessere Ausstattung hätte, wenn man bei Ausfällen sofort Krankheitsvertreter bekommen würde usw. Die Liste lässt sich nahezu endlos fortsetzen. Damit lassen sich auch recht gut manche suboptimalen Zustände an der eigenen Schule erklären[4]. Es gehört zur Pflicht eines Schulleiters, der Staatsbeamter ist, unbeschadet seiner eigenen politischen Überzeugung in seiner beruflichen Praxis neutral und soweit es irgend geht loyal zu sein. Es ist zu einfach, nicht optimale Qualität an der eigenen Schule und Erfahrungen des Scheiterns einfach auf die herrschenden Strukturen und die Politik zu schieben. Und dass Regierungen wechseln, weiß man auch. Also sollte man sich darüber nicht beklagen. Die Frage ist vielmehr, was man trotz widriger Umstände auf die Beine stellt und wie man dennoch gute und akzeptierte Schule machen kann. Das bedeutet keinen Verzicht auf das Politische! Im Gegenteil: Je engagierter man als Schulleiter ist, desto mehr stößt man in der Tat auf einschränkende Rahmenbedingungen und die durch die Politik begrenzten Möglichkeiten. Natürlich ist es wichtig, dann auch seine politischen Interessen zu verfolgen: Über die Mitarbeit zum Beispiel in der Direktorenvereinigung, über die Lehrerverbände, über Stellungnahmen, über die Mitarbeit in entsprechenden Gremien. Das ist wichtig und notwendig, auch wenn in aller Regel die Erfolge bescheiden sein werden. Nochmals: Vor Eltern (und auch vor Lehrern) auf die Politik zu schimpfen, lenkt ab, man macht sich selbst zum zahnlosen Tiger, untergräbt die eigene Position, doziert Hilflosigkeit (wo eigentlich vielleicht Tatkraft und Initiative und klare Führung gefragt wären).

4 Auch ein Politikwechsel ändert an dieser Grundeinstellung wenig: Leider geht auch die neue Landesregierung nicht auf unsere Bedürfnisse ein, leider unterliegt auch der neue Kultusminister dem Sparzwang usw. Politikwechsel sind Zeichen einer lebendigen und intakten Demokratie, was natürlich und zu Recht auch Paradigmenwechsel in Fragen der Bildungspolitik nach sich zieht.

Vertrautheit mit schulrechtlichen Fragen

Als Schulleiter sollte man mit allen schulrechtlichen Fragen vertraut sein, allerdings nicht mit dem Ziel, sich stets nur formal-korrekt zu verhalten, sondern um persönlich ein hohes Maß an Sicherheit zu haben. Was ist damit gemeint? Alles, was im Gespräch mit Kolleginnen und Kollegen einvernehmlich, über Argumentation und Überzeugung geregelt werden kann, ist besser als eine formal-juristisch korrekte Herbeiführung einer Entscheidung. Aus diesem Grund ist es für Schulleitungen auch wichtig, nicht nur die relevanten rechtlichen Regelungen zu kennen, sondern auch über wichtige Prinzipien (z.B. das der Verhältnismäßigkeit) und den Sinn von rechtlichen Regelungen Bescheid zu wissen (eben nicht nur den Buchstaben, sondern den Geist des Gesetzes zu kennen) und die Ermessensspielräume zu kennen.

Schulen sind komplexe Gebilde. Es gehört ein gewisser Mut dazu, nicht ständig nach Paragrafen und Verordnungen zu schauen und zu fragen, was sie erlauben, sondern zuzulassen, dass der Bereich des Erlaubten ausgeschöpft wird. Es ist dabei durchaus hilfreich zu sehen, wie auch in Zweifelsfällen von juristischer Seite aus (in entsprechenden Musterurteilen) die pädagogische Verantwortung und die Ermessensspielräume von Lehrern und Schulleitern gestärkt und erwartet werden. Niemandem ist damit gedient, wenn man hier als Schulleiter zu ängstlich ist. Gleichwohl ist es wichtig, im relevanten Schulrecht beschlagen zu sein und grundlegende Kenntnisse im Dienst- und Beamtenrecht, in der Konferenzordnung, im Personalvertretungsrecht, im Bereich Erziehungs- und Ordnungsmaßnahmen (Schulgesetz), in der Versetzungsordnung, im Bereich Notengebung und bei Aufsichtsfragen zu haben. Mit einer stets griffbereiten und aktualisierten Loseblattsammlung zum Schulrecht (oder einer entsprechenden Online-Ausgabe) sollte man so vertraut sein (Markierungen setzen), dass man die im Zweifelsfall relevanten Texte schnell findet und man sich im Bedarfsfall präzise kundig machen kann.

Spielräume einer Schule sehen und gestalten

Spielräume und ihre Grenzen

Schulen sind in hohem Maße durch Konventionen geprägt. **Von Generation zu Generation pflanzt sich – bei Lehrern, Schülern und Eltern – fort, was man von der Schule erwartet. Neues hat da zunächst einmal schlechte Chancen und muss sich im Einzelfall rechtfertigen.** Gleichzeitig werden Schulen zu sehr trägen Systemen, die nur schwer zu verändern sind, vergleichbar den großen Hochseetankern, deren Kurs – einmal in Fahrt – nur weit vorausschauend zu ändern ist. Vermutlich brauchen innovative Ideen – zumindest, wenn es um die flächendeckende Adaption von Änderungen geht – eine Generation bis zur fraglosen Implementierung. So war die Kompetenzorientierung zu Beginn des Jahrhunderts ein solches Thema, wo man fragen kann, was 15, 20 Jahre später daraus geworden ist. Wie lange wird es dauern, bis der Umgang mit Heterogenität – und die Ausbildung entsprechender Kompetenzen in der Lehrerschaft – eine selbstverständliche und kompetent wahrgenommene Aufgabe der Schulen sein wird? Wann werden sich Schulen als Ganztageseinrichtungen verstehen? Wann wird Inklusion selbstverständlich sein?

Im Folgenden soll es nicht um die eben skizzierten großen und bundesweiten Trends gehen. Gegenstand der Ausführungen ist die Einzelschule vor Ort und die Frage nach ihren Gestaltungsmöglichkeiten. Ausgangspunkt ist also die berufsethische Frage für Schulleitungen und Kollegien, wie sie vor Ort verantwortlich Schule machen wollen. Gute Schulen sind immer konkret. Es sind Schulen, die in irgendeiner Weise einen Unterschied machen. Nicht um des Unterschieds willen, sondern sie beschreiten neue Wege im Interesse ihrer Schülerinnen und Schüler.

Grenzen des Möglichen, des Machbaren sind normal. Aber erst, wenn man an die Grenzen geht, lernt man die wirklichen Spielräume kennen. Die eigenen Spielräume zu kennen, erhöht die individuelle Optionalität, die Handlungsmöglichkeiten. Wer Optionen hat, hat höhere Freiheitsgrade, hat Entscheidungsmöglichkeiten.

Doch welche Spielräume könnten gemeint sein? Ist der Auftrag einer Schule nicht hinreichend klar, sodass sich erübrigt, darüber nachzudenken?

Bereits ein Blick in die Bildungspläne zeigt, worum es gehen kann. Neben der Fachlichkeit (man hat in einer Schule Deutsch, Mathe, Englisch usw. zu lernen) gibt es eine Fülle von Anforderungen und Erwartungen, die an eine Schule gestellt werden. Die Teamfähigkeit und eine ganze Reihe von Selbstkompetenzen der Schüler sollen gestärkt werden, die Schüler sollen lernen, eigenverantwortlich zu arbeiten. Hervorragend, wenn es gelingt, die Neugier der Schüler zu wecken. Die Schüler sollen zum einen zur Toleranz erzogen und zum anderen für nachhaltige Entwicklung (Probleme einer globalisierten Welt) sensibilisiert werden. Auch soll die Schule verantwortliche

Bürger und gute Demokraten hervorbringen. Die technischen und informationellen Fertigkeiten sollen besonders entwickelt werden. Das Theaterspielen soll der Persönlichkeitsentfaltung dienen. Die Fremdsprachenkompetenz ist am besten durch ein ausgebautes Austauschprogramm und einen bilingualen Zug zu unterstreichen. Die Liste ließe sich fortsetzen und wird uns an späterer Stelle (soll man in der Tat versuchen, allen alles anzubieten?) nochmals beschäftigen. In gewisser Weise ist jede schulische Profilbildung ein Gebrauch von der zugestandenen Freiheit. Ist eine Schule groß genug, ist sie möglicherweise sogar in der Lage, ihren Schülern mehrere Profile (sprachlich oder musisch oder naturwissenschaftlich-technisch etc.) zur Auswahl anzubieten. Und dennoch: Alles in gleicher Weise auf höchstem Niveau und unter Kohärenz- und Nachhaltigkeitsgesichtspunkten (siehe oben) zu praktizieren, wird schwerlich gehen, geschweige denn, dass bestimmte Entfaltungsräume möglicherweise gar nicht gesehen werden. Es geht also darum, seine Freiheiten, seine Handlungsspielräume zu sehen, zu kennen, um dann in einem verantwortlichen, reflektierten und sicher auch sehr dialogorientierten Verfahren sich festzulegen und Spielräume bewusst und aktiv zu gestalten. Das fängt im Kopf an!

Die Grenzen im Kopf

Es gibt objektive Grenzen für Schulen und ihre Entwicklung. Das können räumliche oder finanzielle Gegebenheiten sein oder auch eindeutige rechtliche Vorgaben. Diese Grenzen gilt es zu kennen, gegen sie anzurennnen hat wenig Sinn. Zum einen haben diese Grenzen in aller Regel eine wichtige Funktion. Vergeblich gegen objektive Grenzen anzurennen, ist auch Energieverschwendung – oder (wenn man nur ein bisschen anrennt) Ablenkung: Wie gut wir sein könnten, wenn diese oder jene Einengung oder Vorschrift nicht wäre etc.

Darum soll es im Weiteren nicht gehen. Oft ist es sicher auch so, dass unsere Möglichkeiten vor allem von dem begrenzt sind, was wir für möglich bzw. für nicht machbar halten. Das kann sehr subjektiv sein. Jeder hat seine Schere im Kopf.

Andreas Müller (2007, S. 17) erzählt von einem eindrücklichen Experiment, das mit dem Raubfisch Barrakuda durchgeführt wurde. Ins Hochseeaquarium wurde eine Seebarbe gesetzt, auf die der Barrakuda sofort Jagd machte. Dann wurde das Aquarium mittels einer Glasscheibe in zwei Hälften geteilt. Die Barbe wurde in eine Hälfte gegeben. Sofort startete der Barrakuda die Jagd, prallte aber immer wieder gegen die trennende Glasscheibe. Irgendwann gab er auf. Später wurde die Trennscheibe herausgenommen. Die Seebarbe konnte nun dem Barrakuda vor der Nase herumschwimmen, er rührte sie nicht mehr an. Ein Beispiel von erlernter Hilflosigkeit.

So tragen wir alle erworbene Überzeugungen, sogenannte Beliefs mit uns herum. Sie bestimmen unser tägliches Handeln und Denken. Sie sind die Grenzen in unseren Köpfen. Oft mögen sie sinnvoll sein. Aber häufig markieren sie auch willkürliche Grenzen. Oft reichen wenige Erfahrungen aus, um entsprechende Beliefs auszubilden.

Erlernte Hilflosigkeit schränkt unsere Möglichkeiten – und damit auch unsere Professionalität – ein. Wie vielfältig solche Beliefs sind – deren Ausprägung zu erheblichen Teilen wahrscheinlich schon in der eigenen Schulzeit der Profis stattfindet – wird sich zeigen, wenn wir das System Schule in seiner Komplexität näher betrachten. In der eigenen Schulzeit erworbene Beliefs werden in aller Regel selten aufgedeckt, thematisiert, geschweige denn hinterfragt und revidiert. Es erfordert ein hohes Maß an trainierter Selbstreflexion, um eine Grundhaltung deliberativer Offenheit zu erwerben, um die Fallen der erlernten Hilflosigkeit zu minimieren.

Schule als komplexes System

Schulen – auch eine einzelne Schule vor Ort – sind komplexe Systeme, nicht immer leicht in allen Facetten zu verstehen. Das gilt auch für Insider. Lehrerinnen und Lehrer haben ohnehin oft nicht den Blick auf die Schule als Ganzes, sondern sehen und denken die Schule – was durchaus Vorteile hat – vorzugsweise aus dem Blickwinkel der Fächer. Erfolgskriterien sind dann das Gelingen des Fachunterrichts, die Fachnoten bzw. das Abschneiden bei vergleichenden Tests. Schulleiter lernen schnell, ihre eigene Schule und die an ihr wirksamen Mechanismen etwas ganzheitlicher zu sehen. Dazu gehören die sich wandelnden Ansprüche von Politik und Gesellschaft, die sich in zahlreichen Vorgaben und Verordnungen niederschlagen oder zunächst als Trends die Diskussionen bestimmen. Die Kommunen und die Elternschaft vor Ort haben Erwartungen. Dann gibt es die Macht der wirklichen Schüler (ihre Disziplin, ihre Hausaufgabenmoral, ihre Leistungsbereitschaft und ihr Leistungsvermögen). Auch die Unterschiedlichkeit der Lehrerinnen und Lehrer trägt maßgeblich zur Komplexität der Schule und zur Vielfalt der Interessenlagen bei. Schulleitungen sehen sich deshalb nicht nur in mancherlei Hinsicht in klassischen Sandwichpositionen, sondern tun sich auf dem Hintergrund dieser vielfältigen Interessen schwer, der Schule ein Gesicht, eine Richtung zu geben und das schulische Handeln einigermaßen kohärent zu gestalten. Doch die Komplexität hat System und ist in sich von vielen Antagonismen und Widersprüchlichkeiten geprägt. **Antagonismen eröffnen ungeahnte und unvorhergesehene Freiheitsgrade und Gestaltungsmöglichkeiten, je nachdem, welche Kraft man möglicherweise stärken oder schwächen möchte.** Je kleiner, einliniger und einfacher ein System ist, desto geringer fallen auch die Handlungsspielräume aus. Eine umfassende Systemkenntnis ist also Voraussetzung, gestaltender Akteur im großen Spiel zu sein – und nicht nur eine Spielfigur (oder gar Marionette), die ihren Text auswendig gelernt hat und möglicherweise die Bedingungen des Spiels weder vollständig kennt noch reflektiert. So wird zum Beispiel der Lateinlehrer, der mit Hingabe – und deshalb manchmal am Rande der Verzweiflung – seinen Schülern gutes Latein und obendrein die römische Welt (Literatur und Kultur) vermitteln möchte und nicht weiß, dass er nur in Teilen für seine fachlich-unterrichtliche Tätigkeit, sondern auch für seine Aufsichtsfunktion (er beaufsichtigt gleichzeitig die Schülerinnen und Schüler, weshalb diese sich zum Beispiel nicht einfach aus seinem Unterricht entfernen dürfen) bezahlt wird, schnell zu einer tragischen Figur.

Vielfältige Funktionen, Prozesse und Ziele von Schule und die Spielräume, die sich daraus ergeben

Schule ist in ihrer Realität von unterschiedlichsten Erwartungen geprägt. Sie realisiert historisch gewachsene und gesellschaftliche Erwartungen, ohne dass in der Regel die Akteure – nicht nur die Akteure in der Schule, sondern auch Bildungspolitiker und -wissenschaftler – sich dessen bewusst wären. Dies trägt nicht zur Vereinfachung des Systems bei und bringt gelegentlich – anders als die beabsichtigte Wirkung – auch sogenannte nicht intendierte Nebeneffekte hervor. Im Folgenden möchten wir zunächst unterschiedliche, sich teils widersprechende Funktionen von Schule – ausgehend von der naiv erscheinenden Frage, wozu die Schule eigentlich da ist – vorstellen. In einem zweiten Schritt werden einige Prozesse näher beschrieben, die in jeder Schule – zutiefst ineinander verwoben und unauflösbar verschlungen – ablaufen. Dann soll auch ein Blick auf mögliche Ziele – an sich eng verbunden mit den Funktionen – geworfen werden. Wir werden sehen, dass diese gezielten Sichtweisen nicht zu einem einheitlichen Bild von Schule beitragen.

A. Funktionen von Schule

Der Schule kommen innerhalb der Gesellschaft unterschiedliche Funktionen zu bzw. werden ihr zugeschrieben. Sieben dieser Funktionen sollen vorgestellt und auch zueinander in Beziehung gesetzt werden. Schnell zeigt sich dabei, dass die Schule eine sehr vielschichtige, multivalente Einrichtung ist.

1. Persönlichkeitsentfaltung

Stellt man Lehrkräften die anscheinend simple Frage, wozu die Schule eigentlich da sei, erhält man meist mehrheitlich die Antwort, sie sei für die Schülerinnen und Schüler da. Schule helfe ihnen, ihre Persönlichkeit zur Entfaltung zu bringen. Sie biete die Gelegenheit zur Ausreifung individuell angelegter Begabungen. Sie ermögliche den Schülerinnen und Schülern im späteren Leben durch die vermittelte Bildung eine umfängliche Teilhabemöglichkeit. Diese idealistische Sichtweise offenbart mehr über das erfreuliche (humanistisch-idealistische) Selbstverständnis der Kolleginnen und Kollegen als über die komplexe schulische Wirklichkeit.

2. Enkulturation

Hierbei geht es um die Selbstvermittlung der Gesellschaft im Hinblick auf ihre Verfasstheit und ihr leitendes Wertesystem, wie es im Falle der Bundesrepublik zum Beispiel im Grundgesetz niedergelegt ist. So soll in der Schule die freiheitlich-demokratische Grundordnung vermittelt werden (etwa im Politikunterricht). Werte wie Achtung der Menschenwürde, Gerechtigkeitsprinzipien, Fairness und Toleranz sollen in ihrer Genese (Tradition der Aufklärung mit ihren christlich-humanistischen Wurzeln) übernommen werden. Enkulturation hat dabei nicht nur einen gesellschaftlich-erzieherischen Aspekt, sondern schafft in hohem Maße auch Teilhabefähigkeit im Hinblick auf kulturelle und wissenschaftliche Errungenschaften.

3. Entwicklung des Humankapitals

Hier wird die Schule nicht aus der Perspektive des einzelnen Schülers und seiner harmonischen Entfaltung gesehen, sondern unter ökonomisch-volkswirtschaftlicher Perspektive. Bei Schülerinnen und Schülern handelt es sich aus dieser Perspektive um zu entwickelndes Humankapital. Die Nation steht ständig vor der Herausforderung, durch eine entsprechende Schulbildung die Grundlagen für den Fortbestand der Gesellschaft in einer globalisierten Welt und sich demografisch wandelnden Gesellschaft zu schaffen. Alle Begabungsressourcen sollen bestmöglich entwickelt und verfügbar gemacht werden. Deshalb gibt es auch die Schulpflicht. Schule ist damit eine Reproduktionsagentur, die sich in hohem Maße rentiert (gute Schule rechnet sich, schlechte Schule rächt sich).

4. Allokation und Selektion

Schülerinnen und Schüler sind unterschiedlich. Im Laufe der Schulzeit sollen ihre Begabungen und Stärken nicht nur zum Vorschein kommen, sondern gezielt entfaltet und gefördert werden. Unter Allokationsgesichtspunkten wird davon ausgegangen, dass sich so anbahnt, dass der Einzelne später dort seine Arbeit tut, wo seine Kompetenzen liegen. Allokation bedeutet die passende Zuordnung von Begabungen zur entsprechenden beruflichen Tätigkeit. Mit Selektion ist die hierarchische Zuordnung nach der Schulzeit, aber entsprechend der schulischen Abschlüsse bzw. Leistungen gemeint. Zu diesem Zweck vergibt die Schule Noten. In der Tat lässt sich eine Korrelation zwischen Schulabschluss und Lebenseinkommen beobachten.

Elternseitig wird die Selektionsfunktion der Schule insofern antizipiert, dass Eltern im Bemühen um soziale Distinktion sich um eine hochwertige schulische Platzierung ihres Kindes bemühen. Dabei spielen die Wahl der Schule (z. B. Privatschule, kirchliche Schule), der Schulart (lieber ein Gymnasium als eine Realschule oder Gemeinschaftsschule), bestimmter Züge (z. B. altsprachlich-humanistischer Zug), der Sprachenfolge (Latein statt Französisch) und die Inanspruchnahme von Nachhilfe eine große Rolle.

Für die Schülerinnen und Schüler sind – bis in die Oberstufenklassen hinein – derartige (aber dennoch reale) Zusammenhänge noch sehr weit weg. Entsprechend ist aus einer leistungsorientierten Perspektive ihr schulisches Verhalten (oft auch zum Leidwesen der Eltern) häufig suboptimal.

5. Treffpunkt

Aber Schule ist auch ein Treffpunkt der Kinder und Jugendlichen. Hier werden zahlreiche Beziehungen und Freundschaften gepflegt. Im großen Organismus der Schule gibt es unzählige kleine und bedeutsame Beziehungsgeflechte. Jeden Tag werden tausende von Neuigkeiten ausgetauscht. Man trifft sich, man zeigt sich. Meist hat man seine Freundschaften an der Schule. Sie ist ein Kosmos der Kinder und Jugendlichen. Das Ganze ist wunderbar organsiert. Busse bringen einen zum Treffpunkt (Schule). Die Räume sind im Winter beheizt. Natürlich sind die Pausen nicht ausreichend. Häufig sind Schülerinnen und Schüler noch während des Unterrichts im Kommunikations- oder Treffpunktmodus, während die Lehrkräfte sich ausschließlich im Unterrichtsmodus bewegen wollen, was natürlich nicht konfliktfrei zusammengeht.

6. Aufbewahrung

Schule ist auch ein Aufbewahrungsort für Menschen, die die Gesellschaft (der Arbeitsmarkt) noch nicht braucht. Man stelle sich nur einen mehrwöchigen kompletten Unterrichtsausfall vor. Womit wären die Schülerinnen und Schüler beschäftigt? Wer würde sie beaufsichtigen? Eltern könnten nicht mehr wie selbstverständlich (und oft auch notwendig) zur Arbeit gehen. Der augenblickliche und sicher kaum umkehrbare Trend zur Ganztagsschule unterstreicht diese elementare Bedeutung von Schule als Aufbewahrungsort. Lehrkräfte werden zwar als Fachlehrer ausgebildet und meinen oft, sie würden im Wesentlichen für ihre fachunterrichtliche Tätigkeit bezahlt. So richtig das wohl auch ist, genauso richtig ist aber, dass sie auch für ihre Aufsichtstätigkeit bezahlt werden. Sie beschäftigen während sie unterrichten – möglichst sinnvoll – die Schülerinnen und Schüler. Sie haben während ihres Unterrichts (anders etwa als an einer Universität) und darüber hinaus eine Aufsichtspflicht. Schüler dürfen sich nicht unerlaubt aus dem Unterricht entfernen.

7. Initiation

Abschließend sei noch auf eine weitere, im Allgemeinen und vor allem im täglichen Geschäft wenig bewusste Funktion von Schule hingewiesen. Grundsätzlich gibt es diese Funktion in jeder Gesellschaft. Sie konterkariert das, was man vernünftigerweise mit Schule in ihrer idealen Bedeutung assoziiert. Während Schule auf der einen Seite zu einem Hort der Bildung und des bedeutungsvollen Lernens von (lebens-, berufs-)wichtigen Inhalten hochstilisiert wird, erscheint sie unter dem Blickwinkel des Rituals als ein Ort des ganz anderen Lernens. Nicht die Inhalte an sich sind wichtig, sondern die Zeit der Schule und alle ihre Prüfungen und Schikanen bestanden zu haben, ist der eigentliche Ertrag. Nur mit dem Absolvieren der Schule und ihrer Abschlüsse gehört man richtig dazu. Mit Initiationsritualen verbinden sich in allen Gesellschaften unhinterfragte Formalismen. In der Initiation und den dazugehörigen Ritualen sind Zumutungen erlaubt. Solche Zumutungen können sein: Einer Gruppe, die man nicht selbst ausgesucht hat, über einen längeren Zeitraum zwangsweise zugeteilt zu sein. Fremdgesetzte und auferlegte Pflichten (pünktlicher und früher Beginn, Hausaufgaben, Klausuren, Bewertungen, Schulpflicht) zu erfüllen und Bewertungen (leistungsmäßige Einsortierung, Verhaltensbeurteilungen) über sich ergehen zu lassen. Die Liste dieser teils inhuman, jedenfalls nicht am einzelnen Schüler und seinen Bedürfnissen und seinem individuellen Fortschritt orientierten und wenig aufgeklärt anmutenden Zumutungen ließe sich fortsetzen. Es gibt offensichtlich so etwas wie einen archaischen Unterstrom der Schule. Der Gegensatz zu häufig idealisierten Leitbildern guter Schulen könnte kaum größer sein. Dennoch ist diese Unterströmung massiv präsent. Schon Senecas »Nicht für das Leben, sondern für die Schule lernen wir« (»Non vitae, sed scholae discimus«) hat um sie gewusst. Häufig wird Schülerinnen und Schülern (nicht nur von Eltern) signalisiert, dass sie das Gelernte gern nach der Klausur wieder vergessen könnten – aber sie sollten sich bitte für die Klausur, schließlich gehe es um Noten, anstrengen. Auf diese Weise werden Jugendliche im Sinne eines Hidden Curriculum in die Gesellschaft und ihre oft unausgesprochenen Regeln eingeführt. Damit stabilisiert sich die Gesellschaft; die gleichen Regeln werden von der neuen Generation an die zukünftige weitergegeben.

Im Einzelnen mag man zu diesen Funktionen stehen wie man will. Man mag sie gut finden oder sich empören. Allein das ändert wenig. Man mag sie kennen oder nicht: Sie alle sind präsent und wirksam, also wirklich. Teilweise stützen sich einzelne Funktionen, andere hemmen oder lähmen sich gegenseitig. Das ist die Wirklichkeit der Schule, das ist ein Aspekt ihrer vom Einzelnen – auch von einem Schulleiter, auch von einem gemeinsam entschlossenen Kollegium – nicht zu ändernden Komplexität. Allerdings schafft erst die Kenntnis die Möglichkeit der Reflexion. Und aus dieser erwachsen Handlungsmöglichkeiten, Optionalitäten, die bei weniger Komplexität so gar nicht gegeben wären. Nicht die Komplexität ist reduzierbar, handelt es sich doch um gesellschaftliche Funktionen und Zuschreibungen, nicht einzelne Funktionen, so widersprüchlich und kontraproduktiv sie sein mögen, können aufgehoben werden. Aber es besteht die Möglichkeit, in dieser Komplexität Akzente zu setzen, indem man bestimmte Funktionen stärkt und andere schwächt. Dazu später mehr.

B. Prozesse in der Schule

Neben den unterschiedlichen Funktionen laufen in jeder Schule – ineinander verwoben und durchaus auf die verschiedenen Funktionen bezogen – unterschiedliche Prozesse ab, die es ebenfalls von den Akteuren im System zu kennen gilt. Auch hier ist es wichtig, sich der Vielschichtigkeit bewusst zu sein, um Grenzen und Spielräume auszuloten. Hier sind es wohl eher die Grenzen, die sich zeigen, deren Kenntnis aber gleichwohl eine wichtige, entlastende Funktion für die Lehrkräfte haben kann. Vier solcher Prozesse, sozusagen von unbewussten zu selbstbestimmten Prozessen aufsteigend, lassen sich identifizieren.

1. Sozialisation

Wann immer Menschen zusammen sind, in jeder Gruppe, finden Sozialisationsprozesse statt. Das gilt für Schulen in besonderer Weise. Sie sind hochorganisiert, sie arbeiten mit klaren Rollenverteilungen und -erwartungen, in den einzelnen Klassen gibt es sehr schnell Rollenzuschreibungen. Und schließlich sind die Kinder und Jugendlichen – so die sicher zutreffende Annahme – in einer sehr prägbaren Phase. Die unausgesprochene und unbewusste Suche nach Rollenklarheit, Selbstdefinition und Verortung in einer sozialen Gemeinschaft kennzeichnen die Adoleszenzphase. Regeln des Zusammenlebens werden sehr schnell im Großen und Ganzen verinnerlicht. Aus schulischer Sicht ist wichtig zu wissen, dass Sozialisationsprozesse im Wesentlichen unbewusst ablaufen. Sozialisation korreliert in hohem Maße auch mit der Initiationsfunktion der Schule. Das bedeutet, dass auch ungeschriebene (vielleicht nicht einmal bewusst gewollte) Regeln der Schule übernommen werden. Auch die oft wenig beeinflussbare Dynamik in Klassen oder Kleingruppen (Cliquen) wirkt in hohem Maße sozialisierend. Aus schulischer Sicht ist nach dem Umgangston der Schule zu fragen, wie Klassenarbeiten zurückgegeben werden, wie mit gemachten oder nicht gemachten Hausaufgaben umgegangen wird, nach der Art und Weise, wie mit Disziplinproblemen umgegangen und wie gegebenenfalls sanktioniert wird, wie mit Konflikten umgegangen wird, aber auch nach architektonischen Botschaften und den Standards bei der Reinigung. Die Liste schulisch wirksamer Sozialisation ließe sich beinahe beliebig fortsetzen. Die Botschaften, die dabei ausgesandt werden, sind selten einheitlich: Zu unterschiedlich ist die Praxis, das Verhalten der Lehrer, zu verschieden sind die Effekte in einzelnen Klassen. Genauso real, wie Sozialisation an der Schule ist, so wenig ist sie gezielt und schon gar nicht umfassend-vollständig planbar. Das bedeutet, dass sich eine Schule große Mühe geben sollte, ihre sozialisierende Wirkung zu kennen und auf sie Einfluss zu nehmen, aber der Machbarkeit sind (und das hat auch Vorteile) starke Grenzen gesetzt.

2. Erziehung

Im Gegensatz zur Sozialisation kann man Erziehung als den gezielten Versuch, sozialisatorisch Einfluss zu nehmen bzw. prägend zu wirken, beschreiben. Neben bzw. gemeinsam mit dem Elternhaus hat auch die Schule einen klaren Erziehungsauftrag. Die Grundorientierung für den schulisch-gesellschaftlichen Erziehungsauftrag kann man aus den im Grundgesetz niedergelegten Grundwerten und den Landesverfassungen (z. B. Art. 12 der Landesverfassung von BW) – unbeschadet der Verpflichtung zu weltanschaulicher Neutralität – ableiten. Über die bewusste Wahrnehmung des schulischen Erziehungsauftrags wird an den Schulen eher wenig reflektiert. Schon die Ausbildung der Lehrkräfte zielt eher auf ihre fachliche und didaktische Kompetenz. Gelegentliche Auseinandersetzungen zu Erziehungsfragen finden eher in Krisenfällen oder im Rahmen von Leitbildprozessen statt. Wie stark erziehungsbezogene Leitbildformulierungen tatsächlich auf das entsprechende Verhalten der Lehrer in konkreten Situationen Einfluss haben, bleibt eine offene Frage. Klar ist auch, dass von Jahrgang zu Jahrgang, also mit fortschreitendem Alter der Schülerinnen und Schüler die erzieherischen Möglichkeiten – oder anders gesagt: die Erziehbarkeit – deutlich abnehmen.

Sozialisation und Erziehung zielen auf im Prinzip nicht-kognitive Lernprozesse. Es wird also nicht das sog. deklarative Gedächtnis (Wissen, was; reproduzierbares Wissen) angesprochen. Vielmehr geht es um das prozedurale oder implizite Gedächtnis. Lernen am Vorbild (wobei das neben den Lehrkräften insbesondere auch ältere Schülerinnen und Schüler sein können, zum Beispiel Verantwortliche aus der SMV) und in besonderen Arrangements (z. B. Klassenrat, Vollversammlungen) spielen hier eine besondere Rolle, während die dominierenden klassischen Unterrichtssituationen vermutlich noch wenig erzieherisch wirken (abgesehen vielleicht von dem Bemühen um diszipliniertes Verhalten).

3. Kognitives Lernen

Was Schulen – hauptsächlich weiterführende Schulen – prägt und auszeichnet, womit Schulen auch von Eltern und der Öffentlichkeit schlechterdings assoziiert und womit Schulen von politischer Seite immer wieder identifiziert werden, ist das kognitive Lernen. Bildungspläne heißen zwar Bildungspläne, ihre Quantität verdankt sich aber schlicht und einfach dem zu lernenden Stoff. Und tatsächlich wird in einer Schule im Laufe der Jahre viel gelernt. Dieser Vorgang korrespondiert in hohem Maße mit der Reproduktionsfunktion der Schule. Lehrerinnen und Lehrer werden während ihrer Ausbildung – in der ersten Phase schwerpunktmäßig fachlich, in der zweiten didaktisch – darauf vorbereitet. Überblickt man die Entwicklung der Schulen in den zurückliegenden 20 Jahren, so fällt insbesondere die Erweiterung der didaktisch-methodischen Kompetenz der Lehrkräfte auf (im gleichen Zeitraum hat sich auch die Übergangsquote auf die weiterführenden Schulen drastisch erhöht). Lehrkräfte heute verfügen über ein hohes Wissen, wie Stoff didaktisch aufbereitet werden kann (Darstellung der Sinnhaftigkeit des zu Lernenden, Herstellung lebensweltlicher Bezüge, Reduzierung und Fokussierung des Stoffes, Handlungsorientierung) und über hervorragende methodische Kompetenzen (Lernzirkel, Lernpläne, Werkstattunterricht, sehr elaborierte und differenzierende Gruppenarbeitsformen, kooperatives Lernen etc.). Der kognitive Lernerfolg der Schülerinnen und Schüler wird in Klassenarbeiten und Tests und über zahlreiche mündliche Bewertungen und teilweise über zentrale Testverfahren (VERA) gemessen. In der Regel gibt es dafür Noten (die korrespondieren mit der Selektionsfunktion der Schule). Letzteres allerdings hat systemische Rückwirkungen auf das Lernen: Es gibt an jeder Schule eine breite Tendenz zum Lernen, um Nachteile (schlechte Noten, Ärger mit Eltern und Lehrern etc.) zu vermeiden (learning to the test). Hieraus ergibt sich eine Art Spirale: Der zu vermittelnde Stoff muss immer noch motivierender und anregender vermittelt werden, um die Schranken des sogenannten defensiven Lernens zu überwinden. Die Erfolge sind bescheiden. Verschiedene Autoren (z. B. Roth 2011, S. 297) weisen auf die äußerst hohe Vergessensrate des gelernten Stoffes einige Jahre nach den Abschlussprüfungen hin (das würde mit der Funktion der Initiation korrespondieren: Wichtig ist nicht der gelernte Stoff an sich, sondern das alles durchgemacht und den Abschluss geschafft zu haben). Andere vermissen beim Lernen die nötige Tiefe bzw. beklagen die kognitive Schlagseite (Nida-Rümelin 2013, S. 178) des schulischen Lernens. Man tut sich schwer, bei dieser Art schulischen Lernens, die einen wesentlichen Teil der schulischen Prozesse beschreibt, von Bildung zu reden. Doch auch diese findet in der Schule statt!

4. Bildung

Bildung ist ja ein hochrangiges Ziel von Schule. Doch ist es auch ein an den Schulen beobachtbarer Prozess? Zunächst ist festzuhalten, dass Bildung ein hochkomplexer und wohl auch diffuser Begriff (Baumann 2012, S. 20) ist. Mal wird er gebraucht, um das breite und vertiefte Wissen eines Menschen zu würdigen (»Frau XY ist eine hochgebildete Person«), mal denkt man eher an die vollendeten Umgangsformen einer bestimmten Person (»Herr NN ist ein wahrhaft gebildeter Mensch«). Der Begriff wird situativ sehr unterschiedlich verwandt, wahrscheinlich lebt er von seiner Vieldeutigkeit und seinem Anspruch auf Ganzheitlichkeit.
Bildung soll hier nicht als ein Ergebnis angeschaut werden, sondern – in Rekurs auf Humboldt (Baumann 2014, S. 6) – als Prozess der Selbstbildung. Und als weitere Eingrenzung: als eigenmotiviertes, an der Sache interessiertes kognitives Lernen, das aber im schulischen (und natürlich auch außerschulischen) Kontext vielfältig angeregt und gefördert werden kann.
Und tatsächlich: Täglich findet in jedem Unterricht auch Selbstbildung statt. Immer, in jeder Klasse gibt es einige – leider manchmal wenige – interessierte Schülerinnen und Schüler. Sie bringen Interesse am Thema mit. Meist verfügen sie schon über erhebliches Vorwissen, das oft aus außerschulischen Kontexten (Familie, Bücher, Internet, Fernsehen etc.) stammt. Die elaborierte didaktische Aufbereitung des Stoffes wirkt auf diese interessierten und (in diesem Fach) sich selbst bildenden Schüler gelegentlich sogar hinderlich: Sie interessiert der Stoff. Sie können ganz andere Pensen bewältigen. Manchmal wissen sie schon kurz nach Beginn einer Stunde, was Ergebnis und Ertrag sein wird – und langweilen sich dann (Götz/Baumann 2015). Im Unterricht sind sie die bevorzugten Gesprächspartner der Lehrkräfte. Häufig

tragen sie dazu bei, das Selbstwirksamkeitsgefühl der Lehrerinnen und Lehrer zu stärken, was trügerisch sein kann, wenn dabei die meist größere Gruppe der Uninteressierten sich nicht aus eigener Initiative am Unterricht Beteiligenden ausgeblendet wird. Es bleibt also festzuhalten, dass ein (kleinerer) Teil der Schülerinnen und Schüler einer Klasse den Unterricht als Chance der Selbstbildung nutzt, während der in der Regel größere Teil der Lerngruppe keine Eigenmotivation für die augenblickliche Thematik mitbringt und sehr aufwändig an das kognitive Lernen herangeführt werden muss. Dieses bereits für Bildung zu halten, kann ein Trugschluss sein. Freilich ist noch anzumerken, dass ein in einem bestimmten Fach interessierter und an seiner Selbstbildung arbeitender Schüler für ein anderes Fach möglicherweise (oder sogar wahrscheinlich) weniger oder kein Interesse zeigt.

Es bleibt festzuhalten, dass Schule auch auf der Prozessebene eine hohe Komplexität aufweist und von Widersprüchlichkeiten oder vielfältigen Unterströmungen geprägt ist. Auch im Hinblick auf die Prozesse, die ja mit einzelnen Funktionen korrespondieren, gilt, dass sie den schulischen Akteuren in ihrer täglichen Praxis und meist auch bei wichtigen Entscheidungen zur Schulentwicklung nicht bewusst sind. Das ist ein Professionsdefizit, das Optionalität einschränkt.

C. Ziele

Nach den bisherigen Ausführungen wird es kaum mehr überraschen, dass auch im Hinblick auf die Ziele von Schule alles andere als abschließende Klarheit herrscht. Das möchten wir im Hinblick auf die weiterführenden Schulen, insbesondere das Gymnasium, zeigen. Hier sind es vorwiegend drei Ziele, die – teilweise je nach Bedarf und Gesprächspartner – in Stellung gebracht werden.

1. Bildung

Bildung kann sowohl als schulischer Prozess als auch als ein Ziel von Schule gesehen werden. Als Prozess und Ziel korrespondiert Bildung in hohem Maße mit der Funktion der Persönlichkeitsentfaltung. Bildung als Ziel von Schule wird meist als ganzheitliche und – um Humboldt zu zitieren – als »proportionirlichste Bildung seiner Kräfte zu einem Ganzen« (Humboldt 1792) und damit als Entfaltung der Persönlichkeit verstanden. Dann beinhaltet der Begriff gern auch die Charakterbildung. Irgendwie hofft man – wenn man sich die eine oder andere Rede bei Feiern zu schulischen Abschlüssen in Erinnerung ruft – dass ein längerer Bildungsgang schon auch eine ganzheitliche Bildung, die des Charakters eingeschlossen, hervorbringt. Dieser Ansatz – Zeit bringt den Charakter zum Vorschein – ist so falsch nicht, hat aber nicht viel mit der Schule und ihrer Arbeit zu tun. Elternhaus, Umwelt, Medien usw. sind neben der Schule maßgeblich prägende Akteure.

2. Allgemeinbildung

Einen anderen Akzent setzt der Begriff Allgemeinbildung. Er ist dezidiert Auftrag der weiterführenden Schulen. Das Gymnasium soll dabei sogar eine breite und vertiefte Allgemeinbildung vermitteln. Damit liegt der Fokus prima facie auf dem Wissen, auf dem innerhalb der

Fächer zu Lernenden. Natürlich gibt es die Hoffnung, dass das Lernen von bestimmten Inhalten eines Faches zu einer zunehmend eigenverantwortlichen Auseinandersetzung mit diesen Inhalten und Fragestellungen führt. So ging Humboldt davon aus, dass beim Lernen des Griechischen über der Lektüre von antiken Autoren eine beispielhafte Auseinandersetzung mit den Grundfragen des Lebens und die Ausprägung einer humanen Grundhaltung stattfinden wird (oder kann?). Heute besteht die Hoffnung, dass ein guter Gemeinschaftskundeunterricht über die freiheitlich-demokratische Grundordnung wesentlich dazu beiträgt, dass die Schüler zu guten Demokraten werden. Im Geografie-Unterricht soll in der Auseinandersetzung mit Aspekten der Globalisierung die Verantwortlichkeit der Schülerinnen und Schüler gestärkt werden. Ebenso soll nachhaltiges Denken und vieles andere mehr durch fachliches Lernen und in der Auseinandersetzung mit Fachinhalten angeregt werden.
Allerdings müssen sich solche Ansätze kritische Fragen gefallen lassen. Natürlich wird es Schülerinnen und Schüler geben – sozusagen im Selbstbildungsmodus – die für sich diesen Transfer vom Wissen zur Haltung/Grundeinstellung vollziehen. Nur: Trifft das auf den Unterricht zu, in dem sich Schülerinnen und Schüler zum bloß kognitiven Lernen herausgefordert sehen und ihr Lernverhalten in hohem Maße an den bevorstehenden Klausuren ausrichten? Mit Sicherheit kann man nicht von einem Automatismus von Allgemeinbildung zur Bildung ausgehen. Das bedeutet, dass der Allgemeinbildungsansatz häufig über den quantitativen Ansatz des (maximalen und abprüfbaren) Lernens von Schulstoff nicht hinauskommt.
Dass der Begriff der Allgemeinbildung darüber hinaus problematisch ist, wird ungern diskutiert. Der Kern dessen, was wir auch heute noch unter Allgemeinbildung verstehen, stammt aus dem 19. Jahrhundert und war in hohem Maße das bildungsbürgerliche Wissensideal. Damit kam – was sich an der Diskussion um Gymnasium und Oberrealschule und der Frage der Zugangsberechtigung für die Universität im 19. Jahrhundert ablesen lässt[5] – dem Allgemeinbildungsansatz ein deutlich initiatorischer Charakter zu. Wenn man zu bestimmten Kreisen dazugehören wollte, musste man bestimmte sprachliche Codes bedienen können. Allgemeinbildung war also nicht Bildung der Allgemeinheit, sondern Ausbildung eines möglichst breit gefächerten Wissens mit dem etwas fraglichen Anspruch, dass solcherart auch Charakterbildung und die Bildung einer charakterlichen Elite sich ereignen sollten. Der Allgemeinbildungsansatz, der eng mit ihm verbundene Fächerkanon und die Dynamik des Wissens (Wissensexplosion) seit der zweiten Hälfte des 19. Jahrhunderts und heute zusätzlich die Anforderungen einer globalisierten Welt führen zu einer Krise des traditionellen Allgemeinbildungskonzepts.

3. Studierfähigkeit

Ohne Frage gehört die Studierfähigkeit zum klaren Auftrag von weiterführenden Schulen, also den allgemeinbildenden und den beruflichen Gymnasien. Doch Studierfähigkeit ist ein anderes Konzept als das der breiten und vertieften Allgemeinbildung (beide Konzepte konkurrieren um die kostbare Ressource Unterrichtszeit; die Stärkung des einen Konzepts bedeutet eine Schwächung des anderen; dass beide Konzepte gleichzeitig zum Auftrag der

5 Damit verbundenen war eine Abwertung der sog. Realien (Naturwissenschaften bis hin zu Informatik und Technik heute, moderne Fremdsprachen), die aber unter der Hand sukzessive auch in den Gymnasien Einzug hielten. Heute setzt sich diese Auseinandersetzung etwas abgeschwächt in gelegentlichen Kontroversen zwischen allgemeinbildenden und beruflichen Gymnasien fort.

Schule gehören, hat die einzelne Schule hier durchaus Freiheitsgrade). Als zentrale Bausteine für die Studierfähigkeit lassen sich folgende Komplexe benennen:

- **Grundlegende Allgemeinbildung**
  Natürlich ist es ein vermintes Feld, sich über Allgemeinbildung öffentlich Gedanken zu machen. Jeder Fachlehrer – selbst wenn er von vielem, was er selbst auf dem Gymnasium unter dem Anspruch der Allgemeinbildung einmal gelernt hat, nur noch rudimentäres Wissen hat – vertritt mit Vehemenz die Bedeutung seines Faches für die Allgemeinbildung, gerade im Oberstufenunterricht. Von einer höheren Warte aus könnte man fragen, warum denn bestimmte Fächer gar nicht oder nur sehr randständig im Fächerkanon vorkommen. Gehört ein fundiertes Wissen in Philosophie oder Psychologie oder Soziologie nicht zur Allgemeinbildung? Wie sieht es mit halbwegs fundierten juristischen Kenntnissen aus? Wie viel ökonomisches Wissen sollte eigentlich zur Allgemeinbildung gehören? Was ist mit dem großen Bereich des lebenspraktischen Wissens (Versicherungsfragen, Steuererklärung, Berufskunde)? Welche kulturelle Umjustierung im Bereich der Allgemeinbildung ist angesichts der Herausforderungen der Globalisierung notwendig? Auf welche Formen der Spezialbildung (gemeint sind hier die sogenannten Leistungs- oder Neigungskurse, die je nach Bundesland 4- oder 5-stündig angeboten werden), die möglicherweise hilfreich, aber für ein Studium nicht notwendig sind, könnte verzichtet werden (das ist eine Frage an die Bildungspolitik)? Gehört Mathematik auf dem derzeitigen gymnasialen Oberstufenniveau zur grundlegenden, für die Studierfähigkeit notwendigen Allgemeinbildung?
  Auf der anderen Seite ist auch unter dem Gesichtspunkt der Studierfähigkeit eine grundlegende Allgemeinbildung natürlich unabdingbar. Auch der Jurist sollte grundlegende Kenntnisse in Philosophie, Psychologie (die an der Schule nur randständig, wenn überhaupt verortet sind), Biologie, Geschichte (die zum Kanon gehören) usw. mitbringen. Ähnlich lässt sich auch für viele andere Studienbereiche argumentieren.
  Im Sinne einer fundierten und wirklichen Wissenschaftspropädeutik ist nicht die breitestmögliche Allgemeinbildung wichtig, sondern die Tiefe der Durchdringung von exemplarischen Themenfeldern aus verschiedenen Gebieten und die entsprechenden Arbeitsformen und Methoden. Methoden wissenschaftlichen Arbeitens – mit durchaus unterschiedlichen Akzenten, je nach Fachgebiet – gehören allerdings zu den Metakompetenzen (siehe unten).
  Die in diesem Abschnitt gestellten Fragen sind provokativ. Mittelfristig sollten sie auf bildungspolitischer Ebene für die weitere Schulentwicklung und Bildungsplanarbeit relevant sein.
- **Lesen und Schreiben**
  Beim Lesen und Schreiben geht es um weit mehr als um die basalen Fähigkeiten, einen Text lesen oder etwas aufschreiben zu können. Lesen ist ein Zugang zur Welt. Gerade im Kontext der Studierfähigkeit kommt es darauf an, sich schnell auch anspruchsvolle und abstrakte Sachverhalte zu erschließen. Treffsicher den Sinn eines Textes zu erfassen, ist eine ausgezeichnete Eigenschaft. Ob die schulische Lesekultur mit dem derzeitigen Mix aus Literatur (hier kann unendlich viel differenzierende Lesekultur erarbeitet werden!) und funktionalen Texten dem gerecht wird, ist eine zu klärende Frage.
  Schreiben hat viele Funktionen (Auseinandersetzung mit einem Thema, Selbstmitteilung, Informationsweitergabe, Einflussnahme etc.) und ist ein komplexer Vorgang. Lesen und Schreiben sind letztendlich zutiefst ineinander verwoben, etwa beim Anfertigen einer

komplexeren Hausarbeit. Hier stehen die Schulen – auch angesichts der sich ändernden Medienlandschaft – vor großen Herausforderungen.

- **Zentrale und anschlussfähige mathematische Kompetenz**
  In nahezu allen Studiengängen werden heute in bestimmten Bereichen mathematische Kompetenzen vorausgesetzt. Das geht weit über die Ingenieurswissenschaften hinaus. So spielen zum Beispiel statistische Verfahren in vielen Studiengängen eine Rolle. Mathematische Modellierungen gehören vielfach zum Standard. Hier ist es wichtig, seitens der Schule die notwendigen und anschlussfähigen Grundkenntnisse und nach Möglichkeit die entsprechende motivationale Grundhaltung (Neugier und Erfahrung der Selbstwirksamkeit) aufzubauen. Ob allerdings alle Schülerinnen und Schüler Mathematik auf dem gleichen Niveau bis zum Abitur lernen sollten, ist auf diesem Hintergrund eine des Nachdenkens werte Frage.
- **Sprachkompetenz in Englisch**
  Englisch ist die Lingua franka des Wissenschaftsbetriebs und nicht nur in wissenschaftlichen Kontexten relevant. Ein Studium ohne eine ausreichende Sprachkompetenz in Englisch ist kaum mehr vorstellbar. Auch kleinere mittelständische Unternehmen agieren teilweise global und müssen auf Englisch als Verkehrssprache optional zurückgreifen können. Wie sich früher mit dem Lernen von Griechisch (oder Latein) der jeweilige Kulturkreis erschlossen hat (griechische Philosophie, Tragödie etc.), so transportiert das Erlernen der englischen Sprache heute im Idealfall ebenfalls einen Kosmos: den einer interkulturellen und globalisierten Welt. Schulisch kommt es nicht darauf an, Schülerinnen und Schüler in der englischen Sprachkompetenz zu perfektionieren. Es sollte eine anschlussfähige Plattform auf hohem Niveau erreicht werden, die das Potenzial hat (motivational und fachlich), nach der Schule eigenverantwortlich weiter ausgebaut zu werden.
- **Medienkompetenz**
  Zum selbstverständlichen Handwerkszeug nicht nur im Hinblick auf ein Studium gehört heute eine ausreichend fundierte Medienkompetenz. Die ließe sich an den Schulen unter dem Aspekt der Studierfähigkeit noch deutlich optimieren.
- **Selbst- und Sozialkompetenzen**
  Möglicherweise kommt den Metakompetenzen – wiewohl hier einem schulischen Reflex folgend als letztes aufgeführt – im Hinblick auf die Studierfähigkeit die allergrößte und nachhaltigste Bedeutung zu. Zu studieren bedeutet, sehr selbstständig arbeiten zu können. Man benötigt Ausdauer und die Kompetenz, sich schwierige und komplexe Sachverhalte anzueignen. Immer wieder ist man in Situationen, in denen die Teamfähigkeit von großer Bedeutung ist. Ohne eigene Neugier und die Bereitschaft, sich auf Fremdes einzulassen, bleibt ein Studium suboptimal (man schreibt seine Klausuren usw., das heißt man absolviert das Studium mit den gleichen Strategien, mit denen man die Schule einigermaßen erfolgreich hinter sich gebracht hat – und in der Tat, der Schulerfolg ist ein guter Prädiktor für den Erfolg im Studium). Wichtig für ein Studium ist auch das Einbringen der eigenen Kreativität. Auftreten, sich selbst und eine Sache präsentieren zu können, sind ebenfalls wichtig für den Erfolg. Es bleibt also zu fragen, wie gut und wie vernetzt die Schulen, insbesondere die Gymnasien, diese Selbst- und Sozialkompetenzen vermitteln. Dass dies immer am Beispiel von fachlichen Inhalten (anders können Strategien und Methoden wissenschaftlichen Arbeitens nicht gelernt werden) geschieht und geschehen muss, ist selbstverständlich. Allerdings hat – im Gegensatz zum Allgemeinbildungsan-

satz – dann der qualitative Aspekt Vorrang vor dem quantitativen, die exemplarisch zu erreichende Tiefe und die dabei zur Geltung kommenden Methoden werden höher bewertet als die Masse des Stoffes. Es ist an den Schulen, sich hier zu positionieren und intern im Rahmen der Möglichkeiten einen Konsens auszubilden, wofür sie stehen wollen.

Die für die Schülerinnen und Schüler täglich erlebbare Unklarheit über die eigentliche Ausrichtung der Schule – wie bereits angedeutet, wird je nach Bedarf mit den Begriffen Bildung, Allgemeinbildung und Studierfähigkeit jongliert – trägt sicher zu ihrer eingeschränkten Effektivität bei.
Eine klare und nachvollziehbare Ausrichtung auf das Ziel der Studierfähigkeit (bei einer gleichzeitigen Modifikation des Allgemeinbildungsansatzes) wäre – wenn auch eine Verzweckung des Lernens, was sofort sowohl die Anhänger der zweckfreien, nur am Schüler orientierten Bildung als auch die Fachvertreter, die zumindest in ihrem Fach die Studierfähigkeit schwinden sehen, auf den Plan ruft – eine schlüssige Ausrichtung der weiterführenden Schulen und würde zur Auftragsklarheit nach innen und außen beitragen. Schüler wüssten, woran sie sind, worauf es in der Schule wirklich ankommt. Und die Schule wäre effizienter in der Lage, das angestrebte Ziel zu erreichen. Eine solche Schärfung des Profils würde allerdings eine grundlegende Überarbeitung zum einen der KMK-Bildungsstandards notwendig und infolge dessen eine Verschlankung der Bildungspläne der Länder möglich machen.
Die Gegenargumentation, dass ja längst nicht alle Schülerinnen und Schüler, die an einem Gymnasium Abitur machen, dann auch studieren würden, sticht insofern nicht, als kein anderes schlüssiges Paradigma (außer dem inkonsistenten und fragwürdigen der Allgemeinbildung) zur Verfügung steht. Natürlich macht es Sinn in Antizipation der zukünftigen Berufstätigkeit aller Schülerinnen und Schüler, in der Schule auch schon Berufsorientierung und Berufsfähigkeit mit auf dem Schirm zu haben.

4. Weitere Ziele und Erwartungen

Natürlich kann sich eine Schule – je nach Schulart und Klientel, aber auch in Rücksicht auf regionale Besonderheiten – weitere Ziele setzen. Neben der Berufsvorbereitung (welche Kompetenzen werden im späteren beruflichen Leben erwartet [Flexibilität, Teamfähigkeit etc.]?) können eine dezidierte Berufsorientierung (Kennenlernen von unterschiedlichen Berufsfeldern und ihren Anforderungen) oder Studienorientierung (Wie funktioniert eine Hochschule? Welche Studiengänge gibt es?) hochrangige Ziele sein, die mit großem Zeitaufwand verfolgt werden. Man kann aber auch – und das durchaus schon sehr früh – den Ansatz auf forschendes und entdeckendes Lernen legen, man kann Arrangements anbieten, die die Weckung von Neugier und damit verbunden ein hohes Maß an eigenverantwortlichem Arbeiten zum Ziel haben. Einige Schulen – nicht nur Waldorfschulen – bieten aus guten Gründen ihren Schülern auch praktisch-handwerkliche Ausbildungsmöglichkeiten an. Auch Humboldt war davon überzeugt, dass nicht nur jeder Mann eine Universität besucht haben sollte, sondern auch jeder Akademiker sich sein eigenes Bett schreinern können sollte.

D. Unklarheit auch innerhalb der Fächer

Wie nicht anders zu erwarten, schlagen sich die vielfältigen Funktionen und Zielsetzungen der Schule und die damit verbundenen Widersprüchlichkeiten auch innerhalb einzelner Fächer mehr oder weniger ausgeprägt nieder. Das sei exemplarisch an einigen Beispielen gezeigt:

1. Deutsch

Der Deutschunterricht hat unterschiedlichste Erwartungen zu erfüllen. Zum einen soll er die Schülerinnen und Schüler mit vielfältiger Literatur in Verbindung bringen (von der antiken Tragödie bis zur Literatur der Gegenwart). Damit kommt ihm – da Latein ja längst nicht mehr zum verbindlichen Kanon gehört – auch die Funktion zu, in die abendländisch-humanistische Tradition einzuführen. Gleichzeitig soll im Deutschunterricht neben analytischen Kenntnissen auch die Kreativität der Schülerinnen und Schüler gefördert werden. Unabhängig davon steht das Lernen und Einüben von funktionalem Schreiben (journalistische Schreibformen, Protokoll, Präsentationen etc.) auf der Agenda. All diese Erwartungen schließen sich gegenseitig nicht aus, aber konkurrieren innerhalb des Stundenkontingents, das dem Deutschunterricht zur Verfügung steht, um die Ressource Zeit und schränken sich damit gegenseitig ein. Auch im Fremdsprachenunterricht verschränken sich, konkurrieren aber auch teilweise verschiedene Interessen (literarische Kenntnisse in der Zielsprache, Landeskunde, Kommunikationskompetenz, zum Beispiel Wirtschaftsenglisch etc.) miteinander.

2. Sport

Auch der schulische Sportunterricht sieht sich mit unterschiedlichen Erwartungen konfrontiert. Auf der einen Seite soll er Sport für jedermann sein und möglichst nachhaltig Freude an der Bewegung fördern. Zum anderen – und das kann in Teilen aus der Perspektive eines Schülers schnell zu einem Widerspruch werden – führt er durchaus leistungsorientiert in einzelne Sportarten ein. Inwieweit die Notengebung im Fach Sport hier hilfreich ist – immerhin gibt es Regelungen, die eine negative Auswirkung der Fächer Kunst, Musik, Sport auf die Versetzung ausschließen – ist eine in diesem Zusammenhang stehende berechtigte Frage. Hinzu kommt im Bereich Sport – wie prinzipiell mehr oder weniger ausgeprägt in allen anderen Fächern auch – das starke Interesse der Fach- bzw. Sportverbände, die ihre jeweilige Sportart bereits an den Schulen gut vertreten wissen wollen.

3. Religion

Sehr markant treten die Widersprüchlichkeiten der Zielsetzungen und Erwartungen im Fach Religion zutage. Während eine Zielsetzung des Religionsunterrichts darin liegt, den Schülerinnen und Schülern Orientierungs- und Sinnangebote zu machen, geht es in anderer Hinsicht um zum Teil detailliertes und notenrelevant abprüfbares Fachwissen. Mehr oder weniger unausgesprochen spielt auch die Selbstvermittlung der Konfessionen (und neuerdings der Religionen) im Religionsunterricht eine tragende Rolle. Im Rahmen der deutschen Tradition hat der Religionsunterricht in den meisten Bundesländern Verfassungsrang. Als ordentliches Lehrfach sind die erteilten Noten versetzungsrelevant. In der Regel sind es die Religionslehrer, die für sich individuell praktikable Lösungen finden, wie mit den aufgezeigten Widersprüchen pragmatisch umgegangen werden kann.

4. Naturwissenschaften
Hier besteht der Zielkonflikt zwischen Grundlagenwissen (im Sinne einer allgemeinen Studierfähigkeit) und (die Universität vorentlastendem) Spezialwissen. Gerade in den Naturwissenschaften (insbesondere in der Biologie) gibt es eine große Forschungsdynamik und Erweiterung des relevanten Wissens. Das führt in der schulischen Praxis dazu, dass das Interesse der Lehrkräfte (und auch der Autoren von Bildungsplänen, was ja meist Lehrkräfte sind) insbesondere an Unterrichtszeit in den höheren Klassen und in der gymnasialen Oberstufe (wenn von einer erhöhten Abstraktionsfähigkeit der Schülerinnen und Schüler ausgegangen werden kann) zunimmt.

Entwicklungslogiken und Möglichkeiten der Profilierung

Auf den ersten Blick sind die Widersprüchlichkeiten der Schule historisch gewachsen. Sie sind auch Merkmale einer – um mit Luhmann (2004, S. 21) zu sprechen – funktional ausdifferenzierten Gesellschaft. Das führt in der Praxis dazu, dass Veränderungen der schulischen Wirklichkeit von außen nur noch schwer herzustellen sind.

Natürlich kann man diese schwerfällige Multivalenz beklagen und auf zahlreiche Ineffektivitäten des Systems Schule hinweisen und dabei Recht haben. Diese Ineffektivitäten sind in der Tat dem System gewissermaßen wie von unbekannter Hand einprogrammiert.

Es lässt sich allerdings auch eine andere Perspektive einnehmen. Wie schon mehrfach angedeutet wurde, eröffnen die Widersprüchlichkeiten, die Zielunklarheit, die funktionalen Antagonismen für die Schule vor Ort enorme Gestaltungsmöglichkeiten und Freiheitsgrade. Es lassen sich Schwerpunkte setzen bei den Zielen und entsprechend auch bei den Funktionen. Auch auf die schulischen Prozesse lässt sich – wenn auch in Grenzen – Einfluss nehmen.

Beispielhaft möchten wir einige Profilierungsmöglichkeiten und sozusagen die inhaltliche Logik von Schulentwicklungsmöglichkeiten aufzeigen. In einem weiteren Teil geht es dann eher um handwerkliche Fragen: Wenn man an einer Schule sich der Freiräume bewusst geworden ist, auf welchen Ebenen lässt sich dann in eine entsprechende Schulentwicklung eingreifen oder diese gestalten? Wie gelingen die Horizonterweiterung und der Diskurs im Kollegium? Welche Kriterien bei der Entfaltung der Schule sollten berücksichtigt werden?

Erstes Beispiel: Demokratielernen

Ohne Zweifel findet Demokratielernen in einem gewissen Ausmaß an jeder Schule statt. Ob das allerdings in einer ausreichenden Weise und nachhaltig genug geschieht, ist eine andere Frage. Offen ist auch, was Schulen diesbezüglich erreichen könnten, wenn sie sich das Demokratielernen wirklich auf die Fahnen schreiben würden.

Klar ist, dass Demokratielernen ein Ziel von Schule ist. Funktional ist es im Bereich Enkulturation angesiedelt. Auf der Prozessebene sind vorrangig Erziehung (Werteerziehung), aber auch mit Einschränkung alle anderen schulischen Prozesse involviert.

Da Demokratielernen vorrangig über Erziehung und Lernen am Vorbild bzw. Erfahrungen in sozialen Gruppen (und weniger über kognitives Lernen) erfolgt, kann es zu großen Teilen nur indirekt angesteuert werden. Tatsächlich handelt es sich um implizites (prozedurales) Lernen. Es müssen also andere Muster des Lernens angestrebt werden und in nachhaltiger Weise Arrangements getroffen werden, die eine hohe Wahrscheinlichkeit haben, dem angestrebten Ziel tatsächlich näherzukommen. Neben der klassischen und durchaus wichtigen Funktion des Politikunterrichts (den sicher eine ganze Reihe von interessierten Schülerinnen und Schülern auch als Bildungsangebot wahrnehmen) möchten wir ein Bündel von schulischen Möglichkeiten aufzeigen, wie das Demokratielernen gestärkt werden kann.

Klassenrat

Sehr früh, bereits in der Grundschule, kann man mit dem Klassenrat beginnen. Der Klassenrat sollte in regelmäßigen Abständen tagen, idealerweise in unteren Klassen wöchentlich, in höheren Jahrgängen reicht auch ein drei- bis vierwöchiger Rhythmus. Gibt es an der Schule eine Klassenlehrerstunde, kann sie für den Klassenrat genutzt werden. Sollte das nicht der Fall sein, sind immer wieder Zeiten für den Klassenrat zur Verfügung zu stellen (hier sieht man schon: Was immer man tut, welchen Schwerpunkt man auch setzt, es geht nicht ohne zeitliche Ressourcen, man muss also überlegen, was man es sich kosten lassen möchte. Zum Nulltarif gibt es kein Demokratielernen an den Schulen). Natürlich muss das Muster Klassenrat mit den Schülerinnen und Schülern zunächst eingeübt werden. Idealerweise – hier sind aber alle möglichen Variationen je nach Bedarf möglich – läuft der Klassenrat so ab: Die Klasse sitzt im Stuhlkreis. Ein Schüler (nach Möglichkeit über einen gewissen Zeitraum gewählt) führt den Vorsitz. Ein anderer Schüler (es können auch zwei sein) führt das Protokoll. Ist die Tagesordnung nicht im Vorfeld vereinbart, sammelt man zunächst die Tagesordnungspunkte. Aktuelles und insbesondere eventuelle Konfliktfälle oder Streitigkeiten haben Vorrang. Unterschiedliche Interessenlagen in einer Klasse bis hin zu Streitigkeiten (wenn sie nicht die sofortige Intervention der Lehrkraft erfordern) sind natürlicherweise prädestinierte Themen für den Klassenrat und unter Umständen hervorragende Lerngelegenheiten in Sachen Demokratie. Neben dem, dass die Schülerinnen und Schüler lernen, zur Sache (zum Tagesordnungspunkt) zu reden, lernen sie, aufeinander zu hören, andere Sichtweisen auf denselben Sachverhalt zur Kenntnis zu nehmen. Das ist die für jede Demokratie unentbehrliche Erfahrung von Pluralität und der Legitimität von Meinungsvielfalt (später lässt sich das im Rahmen des Politikunterrichts als Konkurrenzmodell der Demokratie aufarbeiten). Natürlich kommt im Klassenrat nun die Diskussion hinzu. Argumente entfalten ihre Wirksamkeit und Reichweite. Möglicherweise zeichnen sich Kompromisse ab oder es werden gemeinsam ganz neue, unerwartete Lösungen gefunden (es muss dabei nicht nur um Konflikte gehen, es kann sich auch um die Planung des Schullandheims, um den Klassenausflug oder die Frage, was man mit einem größeren Betrag in der Klassenkasse macht oder wie sich die Klasse ins Schulfest einbringt, handeln). Am Ende der Diskussion kann – je nach Thema – ein förmlicher Beschluss stehen. Das Ergebnisprotokoll – in höheren Klassen kann auch mal ein Verlaufsprotokoll geschrieben werden – hält den Stand der Dinge fest. Die nächste Sitzung des Klassenrats beginnt mit der Durchsicht des Protokolls. Wurden die Beschlüsse umgesetzt? Haben sich alle an die vereinbarten Regeln gehalten? War ein Beschluss nicht durchführbar, muss also nachgebessert werden? Es liegt auf der Hand, dass auch ohne die explizite Nutzung des Begriffs Demokratie auf diese Weise Schülerinnen und Schüler sehr elementar an das Demokratielernen und das Verinnerlichen von grundlegenden demokratischen Spielregeln herangeführt werden. Das ist implizites Lernen, das allerdings von der Wiederholung lebt.

Schülervollversammlung/Schülerparlament

Auf einer höheren Ebene, der Schulebene, kann man mit Schülervollversammlungen (Schülerparlament) arbeiten. Eine Schülervollversammlung sollte zwei bis vier Mal im Jahr oder je nach Bedarf tagen. Im Prinzip läuft sie wie der Klassenrat ab. Hier sind es die Schülersprecher der SMV, die im Vorfeld die Tagesordnung zu erstellen und bekannt zu machen haben und die dann auch die Sitzung leiten. Klassenrat und Vollversammlung lassen sich verschränken: Aus den Klassenräten können Anträge an die Vollversammlung gestellt werden, etwa wenn es um unterschiedliche Interessenlagen zwischen den Jahrgangsstufen geht (insofern realisieren sich über das Instrument Vollversammlung auch Aspekte des Just-Community-Konzepts). Aus der Vollversammlung können Anträge an die Schulleitung oder die Gesamtlehrerkonferenz gestellt werden. Es kann beraten werden, welche Schwerpunkte in der SMV-Arbeit gesetzt werden sollen, welche Veranstaltungen im Schuljahr angeboten werden sollen oder wie mit den Erträgen, zum Beispiel aus dem Sponsorenlauf der SMV, umgegangen werden soll (Soll etwas gespendet werden? Soll ein Tischkicker oder ein Billardtisch angeschafft werden?).
Die Schülervollversammlung ist eine wichtige Plattform, die in ihren Möglichkeiten (und Anforderungen) weit über den Klassenrat hinausgeht. Hier lernt man das öffentliche Reden vor großen (und sehr heterogenen) Gruppen. Die Vollversammlung bedarf gründlicher Planung durch die Akteure (hilfreich ist es, die Tagesordnungspunkte zum Beispiel über Powerpoint zu visualisieren) und einer straffen Führung, weil sonst sofort große Unruhe aufkommt. Gelungene Vollversammlungen schweißen die Schulgemeinschaft zusammen und stiften Identität. Gemeinsame Erfolge (man feiert den Abschluss eines Projektes, idealerweise wird darüber ein kurzes Video gezeigt) werden gefeiert. Nebenbei ist die Vollversammlung auch eine Informationsplattform. Ist die Schulgemeinschaft gut, kann auch die Schulleitung ein Thema auf die Tagesordnung setzen und ihre Sichtweise darstellen. Natürlich braucht das Instrument der Vollversammlung jahrelange Erfahrung (dann, einmal etabliert, geben die verantwortlichen Schülerinnen und Schüler das von Generation zu Generation weiter) und die sorgfältige Unterstützung und Begleitung von einigen Lehrkräften (in der Regel sind es die Verbindungslehrer).

SMV-Arbeit

Im Grunde ist die Arbeit mit Vollversammlungen die Krönung der SMV-Arbeit an einer Schule. Und für die Stärkung der SMV-Arbeit lässt sich an den Schulen einiges tun.

- Jour fixe mit der Schulleitung. Das wertet die SMV auf. Wichtig ist, die SMV gut zu informieren, die Schule transparent zu machen (Wie sieht es mit der Lehrerversorgung aus? Wie ist die Vertretungsregel? Warum fällt gerade so viel Unterricht aus? Welche Punkte stehen auf der Tagesordnung der GLK? Womit beschäftigt sich der Elternbeirat? Welche aktuellen bildungspolitischen Veränderungen sind in der Diskussion und wie wirken sie sich auf die Schule aus? Etc.).
- eigenes Büro mit guter Ausstattung (Rechner, Papier) für die SMV

- Unterstützung bei SMV-Projekten (finanziell, organisatorisch; Zeit zur Verfügung stellen; Verantwortlichkeit für Aufsichten bei SMV-Veranstaltungen übernehmen etc.)
- Regelmäßige Einladung der Schülersprecher zu geeigneten Tagesordnungspunkten in die GLK. Die Gesamtlehrerkonferenzen sind demokratische Organe an den Schulen. Schülersprecher, die an einer GLK teilnehmen, können viel lernen. Es gibt eine Tagesordnung, es wird zur Sache gesprochen, Abschweifungen werden unterbunden; es wird eine Rednerliste geführt, die, wenn sich die Argumente wiederholen, geschlossen werden kann. Es gibt Beschlussanträge, die möglicherweise modifiziert werden. Es wird – im Bedarfsfall auch einmal geheim – abgestimmt. Schülersprecher, die das einige Male miterleben, werden keine Mühe haben, dieses demokratische Handwerkszeug dann auch im Schülerrat oder in der Vollversammlung mit großer Selbstverständlichkeit anzuwenden.

Im Sinne einer qualifizierten Demokratieerziehung ist es wichtig, sowohl Identifikationsmöglichkeiten durch ein stabiles Zugehörigkeitsgefühl zur Schule zu schaffen wie auch die Erfahrung von Andersartigkeit zu ermöglichen durch »Begegnung mit Personen aus anderen Lebenskontexten wie etwa Menschen anderer Generationen, anderer Wertorientierungen oder anderer Kulturen« (Stein 2014, S. 208).

Wenn man Demokratieerziehung zu einem Schwerpunkt der Schule machen möchte, sollte man zunächst einen Diskurs in der Lehrerschaft anstreben. Denn es werden alle Lehrkräfte in irgendeiner Weise tangiert sein (mal wird eine Fachstunde benötigt, mal wird man als Aufsichtsperson gebraucht, mal sollte man als gewählter Verbindungslehrer über die Chancen einer lebendigen SMV-Arbeit orientiert sein etc.). Ist man sich einig über Ziele und mögliche Konsequenzen, kann man daraus eine Passage im Leitbild der Schule formulieren oder zum Beispiel die Arbeit mit Klassenrat und/oder Vollversammlung auch in der Schul- und Hausordnung verankern.

Zweites Beispiel: Stärkung der Selbst- und Sozialkompetenzen

Mit der Stärkung der Selbst- und Sozialkompetenzen trägt eine Schule zu Persönlichkeitsentfaltung bei, stärkt also auch hier eine wichtige Funktion der Schule. Und auch hier geht es letztendlich um Formen der Erziehung und teilweise Sozialisation und es wird im Bereich des impliziten Lernens gearbeitet.

Es erfordert einiges an schulischer Sorgfalt und an Aufwand, wenn man sich die Stärkung der Selbst- und Sozialkompetenz nicht nur weniger Schülerinnen und Schüler, sondern einer größtmöglichen Zahl zum Ziel setzt. Einzelne dominante Schülerinnen und Schüler nutzen seit je die Schule als Lern- und Übungsraum für Selbst- und Sozialkompetenz. Sie übernehmen in Arbeitsgruppen Verantwortung. Sie können komplexe Sachverhalte strukturieren und Teilaufgaben verteilen. Sie fertigen gern ausführliche Hausarbeiten an. Sie haben Interesse, vor der Klasse zu präsentieren, und haben Spaß an kontroversen Diskussionen in der Klasse, in die sie sich gern einbringen. Andere Schülerinnen und Schüler tun sich in all diesen Bereichen merklich schwerer.

Dennoch muss eine Schule, wenn sie sich entschließt, hier einen Schwerpunkt ihrer Wirkung zu setzen, nicht tatenlos sein. Die fachliche Arbeit auf Niveaustufen kann dazu beitragen – indem man von Schülern das erwartet, was sie entsprechend ihres individuellen Entwicklungsstandes und ihres augenblicklichen fachlichen Vermögens tatsächlich leisten können (Stufe der gerade noch möglichen Herausforderung) – dass eine höhere Zahl von Schülerinnen und Schülern sich konstruktiv (auch in Gruppenarbeitsphasen) einbringen und am Unterricht beteiligen kann. Das erhöht ihre Zuversicht, Lernmotivation und trägt zu ihrem Selbstwirksamkeitsempfinden – einer der wichtigsten, nicht nur schulischen Motivatoren – bei.

Es ist hilfreich, die Interessen der Schülerinnen und Schüler zu kennen und ihnen an der Schule eine Plattform auch über den Fächerkanon hinaus zu geben. In diesen Bereichen können die Schüler wesentlich selbstbewusster agieren (man denke an Theater-, Chor-, Sportprojekte; an Musicals, an bestimmte, durch Eigenmotivation getragene Hausarbeiten). Gleichzeitig zeigt sich, dass die Entwicklung von Selbst- und Sozialkompetenzen irgendwie immer an ein inhaltliches Lernen und Arbeiten (es muss nicht das der schulischen Fächer sein) gebunden ist. Selbst- und Sozialkompetenz gibt es sozusagen nicht im Leerlauf (ist deshalb auch nicht als eigenes Fach unterrichtbar).

Eine Schule kann darüber hinaus Arrangements treffen, in denen es attraktiv ist, sich zu engagieren, und die in hohem Maße Selbst- und Sozialkompetenz fördern. Eine attraktive SMV-Arbeit gehört hierzu. Es können an einer Schule darüber hinaus in vielfältiger Weise Verantwortlichkeiten vergeben werden. Bei der Hausaufgabenbetreuung können Schüler mitwirken. In Schülerselbstlernzentren, Lernateliers oder im Werkstattunterricht (z.B. Mathewerkstatt) können ältere Schüler als Mentoren eingebunden werden. Diese Schüler haben einen enormen persönlichen Profit (Lerngelegenheit im Hinblick auf Selbst- und Sozialkompetenz), wirken aber – und insofern strahlt ihre Tätigkeit in die ganze Schule – in hohem Maße vorbildlich, insbesondere auf jüngere Schülerinnen und Schüler. Auch Schülerfirmen (Technik-Team, Schülercafé etc.) sind in diesem Kontext Lernfelder par excellence. Auch die Seminarfächer der gymnasialen Oberstufe können durch entsprechend komplexe Aufgabenformate (z.B. gemeinnützige Echtprojekte) und die den Schülern abverlangte Selbstständigkeit in hohem Maße zur Stärkung der Selbstkompetenz beitragen. Tatsächlich gibt es hier für die einzelne Schule erhebliche Gestaltungsräume (Baumann 2015).

Drittes Beispiel: Stärkung des fachlichen Lernens

Die Schulen sehen sich in regelmäßigen Abständen – ob zu Recht oder zu Unrecht, sei hier dahingestellt – mit der Forderung nach einer Verbesserung des fachlichen Outcomes, also der fachlichen Schülerleistungen konfrontiert. Diese Forderung wird gern allgemein von Hochschulen und im Besonderen von Fachverbänden (meist im Hinblick auf ihr Fach) gestellt. Auch Politiker – wenn es um internationale Vergleiche (z.B. PISA) geht – schließen sich an. Allen beteiligten Gruppen ist gemein, dass sie vom komplexen System Schule keine oder wenig Ahnung haben. Die Forderung nach vermehrtem fachlichem Lernen, das im Wesentlichen im deklarativen Gedächtnis angesiedelt ist, in der Schule zielt auf die Funktion der Entwicklung des Humankapitals, was aber nicht immer so offen kommuniziert wird. Ersatzweise – meist nicht ganz ehrlich – wird auch mit der Funktion der Persönlichkeitsbildung argumentiert: Man spricht von Bildung, bewegt sich aber auf der Ebene des kognitiven Lernens. Auch Schulen setzen sich in Unkenntnis ihrer eigenen Realität diesbezüglich selbst unter Druck. Jeder Schulleiter freut sich, wenn seine Schüler bei Vergleichsarbeiten gut abschneiden oder gute Abschlüsse erzielen. Und in der Tat: Wer will ernsthaft etwas gegen ein Maximum an Fachlichkeit und gegen gute Abschlüsse haben?

Was also kann man als Schule tun, um das fachliche Lernen – zweifellos ein Kerngeschäft von Schule – zu verbessern und den entsprechenden Outcome zu erhöhen?

Zunächst wäre zu klären, was man verbessern möchte: Geht es um die Quantität (also um die Menge des Stoffes) oder um die Qualität (also eine Vertiefung; Hattie (2014, S. 43) spricht von »höheren Niveaus des Denkens«). Durch schulinterne Absprachen lässt sich ein Fokus auf die Qualität insofern richten, als bestimmte Inhalte mit sehr viel Zeit für Erarbeitung und Übung in vertiefter Weise exemplarisch gelehrt und gelernt werden, während der notwendigen (weil vorgegebenen) Quantität durch kursorischen Unterricht Genüge getan wird.

Dabei darf auch hier nicht übersehen werden, dass es eine Konkurrenz um die Ressource Zeit insofern gibt, als innerhalb eines Faches und vor allem zwischen den Fächern um die Phasen der Aufmerksamkeit der Schülerinnen und Schüler gekämpft wird. Die Aufmerksamkeitsspanne und damit auch die Aufnahmefähigkeit eines Schülers pro Schulvormittag ist in keiner Weise deckungsgleich mit der Unterrichtszeit. Eine Schülerin bzw. ein Schüler kann sich nicht fünf oder sechs Stunden am Vormittag – und schon gar nicht fünfmal in der Woche – konzentrieren und mit aller Aufmerksamkeit jeden Unterricht verfolgen und alles angebotene Wissen aufnehmen. Alle Motivierungskünste der Lehrkräfte, attraktive Unterrichtsmethoden und der Wechsel derselben helfen hier nur minimal weiter.

Auch die unterschiedlichen Schulfächer konkurrieren untereinander. Selbst fachlich breit interessierte Schülerinnen und Schüler (einige sehr hochbegabte vielleicht ausgenommen) können nicht in mehreren Fächern gleichzeitig Höchstleistungen bringen (und zum Beispiel an drei Hausarbeiten gleichzeitig mit Eigeninteresse arbeiten). Das bedeutet, dass eine Erhöhung der Unterrichtszeit in einem Fach (etwa durch den Zuschlag sogenannter Poolstunden) für den größten Teil einer Klasse keinen Effekt hat, weil die Aufnahmefähigkeit und Konzentrationsspanne der Schülerinnen und Schüler ohnehin überschritten ist. Profitieren werden von solchen Stundenzahlerhöhungen ausschließlich die am jeweiligen Fach interessierten Schülerinnen und Schüler (die also im Selbstbildungsmodus sind).

Es gibt Schulen, die durch Phasen- oder Epochenunterricht die jeweils aktuelle Anzahl der Unterrichtsfächer reduzieren. Das hat Vor- und Nachteile. Ob unterm Strich sich dadurch bessere fachliche Ergebnisse erzielen lassen, ist allerdings offen, aber nicht ganz unwahrscheinlich.

Noch konsequenter agieren einige wenige Schulen, die die Fachunterrichtszeit (nicht die Unterrichtszeit an sich) – und damit den Fachunterricht – insgesamt etwas reduziert haben (meist um der horizontalen Heterogenität der Schülerinnen und

Schüler besser gerecht werden zu können) (Baumann 2012, S. 19). Eine Verschlechterung jedenfalls der fachlichen Leistungen ist dadurch nicht erkennbar.

Deutlich wird allerdings die Gesamtproblematik: Das fachliche Lernen konkurriert über die verschiedenen Fächer im Hinblick auf Zeit und Aufmerksamkeit der Schülerinnen und Schüler sozusagen mit sich selbst. Gleichzeitig befindet es sich in Konkurrenz zu anderen wichtigen Zielsetzungen von Schule und mit zahlreichen anderen Erwartungen (Demokratielernen, soziales Lernen, Pflege der horizontalen Heterogenität etc.), wobei in der Regel nicht die Tiefe des fachlichen Lernens das Problem ist, sondern die Quantitäten.

Viertes Beispiel: Förderung von Neugier und forschendem Lernen

Im Zusammenhang mit der Studierfähigkeit haben wir bereits auf die für ein Studium wichtige Grundhaltung der Neugier hingewiesen. Neugier ist keine reine Veranlagung, sondern kann geweckt, also ein Stück weit erlernt werden (natürlich – das gilt generell – nicht allein durch die Schule, sondern auch bereits durch sehr frühkindliche Erfahrungen im Elternhaus). Neugier ist wichtig für die Persönlichkeitsbildung, aber auch eine aus ökonomischen Gründen nicht unwichtige Grundhaltung.

Will man Neugier an der Schule stärken, braucht es sicher das Geschick von enthusiastischen Lehrkräften, die selbst von dem Stoff, den sie vermitteln, begeistert sind. Es lassen sich aber auch Arrangements treffen und Lernbedingungen schaffen, in denen Schülerinnen und Schüler zu Forschern und Entdeckern werden. Sind solche (z. B. naturwissenschaftliche) Labors – wie sie etwa die Schülerforschungszentren vorhalten – für die Schüler zugänglich? Gibt es eine Vielfalt von Angeboten, die nicht vom traditionellen Fächerkanon, sondern von den Interessen der Schüler bestimmt ist? Neugier lässt sich weder auf den Fächerkanon noch auf den Bildungsplan reduzieren. Hier lohnt es sich, die Schule ein Stück weit auch von den Schülerinnen und Schülern her zu denken und zu gestalten. Manches Urteil über eine Schülerin oder einen Schüler würde vielleicht anders ausfallen, wenn man ihre bzw. seine tatsächlichen Interessen in der Schule kennen würde und ihnen dort Raum geben würde. Das zu tun, würde allerdings mit anderen Funktionen der Schule kollidieren.

Weitere Beispiele

Eine Fülle von weiteren Zielen, die sich mit der Schule verbinden, ließe sich aufzählen. Auch – wenn man es denn wollte, und manchmal tut man es unwissentlich vielleicht dennoch – die Initiationsfunktion (Schule als Ritual) ließe sich stärken, indem man zum Beispiel vermehrt auf Prüfungen setzt oder weniger auf Beziehung, dafür aber mehr auf Konsequenzen (Strafen?) abhebt.

Aber man kann sich auch um das Gegenteil bemühen. In der gymnasialen Oberstufe wäre nach finnischem Vorbild eine Entritualisierung des Abiturs zum Beispiel in der Form möglich, dass die Abschlussprüfungen nicht mehr im Block, sondern am Ende der vorgeschriebenen Pflichtmodule, das heißt zeitlich entzerrt absolviert werden können (siehe hierzu Stöffler & Förtsch 2014).

Weitere Ziele könnten sein: Förderung des kulturellen interkulturellen und Lernens, Stärkung der Fremdsprachenkompetenz (z. B. durch Kommunikationskurse, Theater auf Englisch, bilinguale Bausteine oder Züge, Austauschprogramme), Stärkung der lebensweltlichen Relevanz der Schule (Nida-Rümelin 2013, S. 178), Ausbau der Berufsorientierung, Schaffung von Möglichkeiten zur Selbsterfahrung und Ausbildung individueller Fähigkeiten (z. B. in Kunst, Theater, Musik, Sport), Lernen von Nachhaltigkeit (im Sinne von Bildung für nachhaltige Entwicklung, siehe BNE als Leitprinzip im neuen baden-württembergischen Bildungsplan), Gesundheitserziehung etc.

Anforderungen an die Schule gibt es endlos viele. Sie alle konkurrieren um die Ressource Zeit (Schülerzeit und Lehrerarbeitszeit) und um die Aufmerksamkeit der Schülerinnen und Schüler. Teilweise hemmen sie sich, teilweise lassen sie sich sinnvoll miteinander verschränken. Die Schulleitungen und Lehrkräfte sind gut beraten, wenn sie im gemeinsamen Diskurs sondieren, wofür sie stehen, was ihnen wichtig ist, welche Ziele, Funktionen und Prozesse in der Schule sie stärken, welche sie schwächen wollen. Und sich dann konsequent an die Planung und Umsetzung machen. Alle Ziele sind nicht gleichzeitig realisierbar, auch wenn manche Schulen auf den ersten Blick mit ihrer ungeheuren Vielfalt diesen Eindruck erwecken mögen. Vielfalt und Aktionismus bedeuten noch nicht zwingend das Erreichen der Ziele.

Ein bisschen Allgemeinbildung zu Humboldt

Als Schulleiter wird man immer wieder mit Vorstellungen zu Bildung und Schule konfrontiert. Große Namen werden in Vorträgen zu Bildung und Schule wiederholt bemüht. Allen voran Wilhelm von Humboldt (1767–1835). Der eng mit Humboldt assoziierte Bildungsbegriff ist ein mittlerweile sehr aufgeladener Begriff und aus dem deutschen Wortschatz (und der Wirklichkeit?) nicht wegzudenken. Nicht ganz zu Unrecht wird, wenn es um Bildung geht, auf Humboldt verwiesen. Deshalb hier eine kurze Skizze zu seinem Verständnis von Bildung anhand seines Königsberger und litauischen Schulplans von 1809/10 (siehe auch Trabant 2010).

Universitätsunterricht
Schüler lernt und forscht selbst, der Professor leitet seine Forschung und unterstützt ihn darin. »Das wesentlich Nothwendige ist, dass der junge Mann zwischen der Schule und dem Eintritt ins Leben eine Anzahl von Jahren ausschließlich dem wissenschaftlichen Nachdenken an einem Orte widme, der Viele, Lehrer und Lernende in sich vereinigt.«
Schulunterricht
Zweck des Schulunterrichts ist die Übung der Fähigkeiten und der Erwerb der Kenntnisse, ohne welche wissenschaftliche Einsicht und Kunstfertigkeit unmöglich sind.
Elementarunterricht
Hat es nur mit Sprach-, Zahl- und Maßverhältnissen zu tun; soll den eigentlichen Unterricht vorbereiten, dazu instand setzen.

Für Humboldt sollte jeder Mann (heute »jedermann«, Humboldt war Vertreter des gemeinsamen Lernens aller) folgende drei Phasen des Unterrichts durchlaufen: Elementarunterricht, Schulunterricht, Universitätsunterricht.

Während es im Elementarunterricht – altersgemäß – um basale Fähigkeiten (Sprechen, Lesen, Rechnen) geht, hat der sogenannte Schulunterricht einen anderen Charakter. Neben Übung und Automatisierung (also Gewinnung von Sicherheit; Fähigkeit, bestimmte Dinge ohne Nachdenken tun zu können, zum Beispiel Lesen, Schreiben, sich in einer Fremdsprache ausdrücken) geht es um den Erwerb von Kenntnissen in verschiedenen Gebieten, die Voraussetzung späterer wissenschaftlicher Einsicht sind. Der Schule kommt also insgesamt eine im Hinblick auf die dritte Stufe propädeutische Funktion zu, nicht im Sinne von Wissenschaftspropädeutik, sondern im Sinne der Ermöglichung und Weckung der Interessen im Hinblick auf die Universität. Hier erst greift der eigentliche Bildungsbegriff: Nun, auf der Universität, lernt und forscht der Schüler selbst. Für Humboldt ist Bildung Selbstbildung, allerdings im anregenden Raum der Universität (die natürlich eine richtige, dem Universitätsgedanken verpflichtete Einrichtung sein sollte, nicht ein bloßes Fachstudium). Zum anregenden Arrangement gehört auf der einen Seite der Professor (und seine Freiheit der Forschung und Lehre), der den Studenten in seinem eigenen Bemühen anleitet und unterstützt. Zum anderen das Lernen und wissenschaftliche Arbeiten in einer Gruppe, die durch den gleichen Ansatz, die gleiche Neugier verbunden ist. »Wenn also der Elementarunterricht den Lehrer erst möglich macht, so wird er durch den Schulunterricht entbehrlich« (Humboldt 1810, S. 344). Nach Humboldt sollten alle jungen Männer (Frauen war zu damaliger Zeit die Universität noch nicht zugänglich) einige Zeit in dieser freien, forschenden, der Wissenschaft hingegebenen Weise an der Universität verbringen und sich selbst bilden. Auch für einen Tischler sei es wünschenswert und kein Fehler, sich so gebildet zu haben, wie es auch kein Fehler sei, wenn jeder, der sich solchermaßen gebildet habe, seinen eigenen Tisch zimmern könne. Humboldts Bildungsideal orientierte sich an seiner Vorstellung von der griechischen Antike, die er für eine ideale Zeit hielt. Das Lernen des Griechischen, das Lesen der antiken Autoren und die Auseinandersetzung mit der antiken Geisteswelt hatten deshalb für ihn enorm bildenden Charakter – ein wichtiger Gedanke, werden doch in der Tat in der griechischen Literatur (Philosophie, Tragödie) zum ersten Mal und auf höchstem Niveau die Bedingungen und Grundfragen des Menschseins reflektiert. Unvorstellbar war für Humboldt eine Verzweckung oder gewerbliche Ausrichtung (wir würden heute sagen: Ausrichtung an Wirtschaftsinteressen) von Bildung oder Schule. Dass er mit diesem Ansatz schon im 19. Jahrhundert – vor allem auch was die sich immer mehr spezialisierende Arbeit der Universitäten anbelangt – zum Idealisten wurde, ist eine historische Entwicklung, die nicht umkehrbar ist. Humboldts klare, wenn auch nie haltbare Position in dieser Sache sei hier nochmals mit seinen eigenen Worten wiedergegeben: »Was das Bedürfnis des Lebens oder eines einzelnen seiner Gewerbe erheischt, muss abgesondert, und nach vollendetem allgemeinen Unterricht erworben werden. Wird dieses vermischt, so wird die Bildung unrein, und man erhält weder vollständige Menschen, noch vollständige Bürger einzelner Klassen« (S. 345). Es wäre eine interessante und lohnenswerte Aufgabe, Humboldts humanistisches Ideal – es geht um nichts weniger als um das Beste unserer abendländischen Tradition (Wertschätzung jedes Menschen in seiner Individualität und Würde) – unter den Bedingungen der heutigen Zeit (diffuser Globalisierungsdruck) und im Rahmen des heute Möglichen neu zu konzipieren. Dass sich die Universität – nicht erst seit dem Bologna-Prozess – vom humboldtschen Ideal (angeleitete [Selbst-]Bildung in einer lernenden Gemeinschaft) mit ihrer fachlichen Ausdifferenzierung weit entfernt hat, ist seit langem schon unumkehrbare Realität. Insofern hat sich die Thematisierung der Bildungsfrage – entgegen des humboldtschen Stufenschemas – in die Schule, insbesondere in das Gymnasium verlagert. Die Bildungsdiskussion ist von allen Schulen zu führen.

Schlüsselstellung Schulleitung

Die eigene Entwicklung planen

Ohne Zweifel – Schulleitung ist eine wichtige Schlüsselstellung. Der Erfolg einer Schule hängt zu großen Teilen von der Schulleitung ab. **Und Schulleitung ist ein ständiger Lernberuf.** Dieses Lernen wird zu großen Teilen durch die Anforderungen des Alltags und der beruflichen Situationen geprägt bzw. diktiert. Es ist aber wichtig, dass man sich selbst und seinen Visionen von guter Schule treu bleibt und sich im Laufe der Jahre nicht zu sehr durch die Mühlen und Anforderungen des Alltags verbiegen lässt. Deshalb muss man seine innere Linie immer wieder freilegen, pflegen, natürlich Korrekturen vornehmen, wo nötig. Man muss sich also nicht nur immer wieder Zeit für die (selbstkritische) Reflexion nehmen, sondern gezielt suchen, was einen stärkt und neu motiviert. Hierfür sind Gespräche mit Gleichgesinnten wichtig, aber auch die gezielte Lektüre von Fachliteratur. Natürlich wird man immer wieder auch Defizite in der eigenen Handlungskompetenz entdecken. Auch hier gilt es, die Lücken gezielt zu schließen. Das bedeutet, dass man als Schulleiter seine eigene Fortbildung (man sollte nie meinen, das hätte man jetzt nicht mehr nötig) gezielt planen und nicht einfach dem Zufall überlassen sollte.

Weiterentwicklung des Berufsbildes – standespolitische Forderungen

Unabhängig davon, dass die Aufgabenvielfalt groß und der Druck, der auf Schulleitungen lastet, heftig ist, gibt es im Interesse der zu verbessernden Professionalität einige Forderungen, die politisch mit Nachdruck vertreten werden sollten.

1. Klare und umfassende Professionalisierung durch vorauslaufende Ausbildung
Schulleitung ist ein eigenständiger Beruf. Es ist nicht damit getan, dass man gute Lehrer einfach zu Schulleitern macht und berufsbegleitend etwas zu qualifizieren versucht. Damit muss die Professionalität mühevoll über Jahre erarbeitet werden und steht selbstredend nicht von Anfang an, wie eigentlich billigerweise zu erwarten wäre, zur Verfügung. Zum einen signalisiert die nicht vorauslaufende und quantitativ wie qualitativ nicht angemessene Ausbildung, dass die Bedeutung von Schulleitung für die Schule von bildungspolitischer Seite offensichtlich noch nicht erkannt wurde. Billigend nimmt man in Kauf, dass sich Schulleitungen an ihr Amt herantasten und oft erst in der Praxis feststellen können, ob sie für diesen Beruf geeignet sind. Im Hinblick auf die hohe Verantwortung und Bedeutung der Schulleitungen für den Erfolg von Schulen ist das suboptimal.

2. Assistenz durch Schulverwaltungsfachkräfte

In den vergangenen Jahren haben die Schulen von der Schulaufsicht zahlreiche Aufgaben, insbesondere in Verwaltungsangelegenheiten, übernommen. Auf der einen Seite werden die Schulen dadurch durchaus in ihrer Eigenständigkeit gestärkt. Auf der anderen Seite werden durch E-Mail und Internet die Rhythmen immer dichter und das Informationsmanagement (Sichtung, Bewertung und Distribution eingehender Informationen; Berichtswesen nach außen), das von einer Schule zu bewältigen ist, immer umfassender. Auch die zentralen Lernstanderhebungen (z. B. VERA) sind mit erheblichem Aufwand verbunden, ganz abgesehen davon, dass sie beim datengestützten Qualitätsmanagement eine wichtige Rolle spielen können. Das zieht die Schulleitungen von ihrem Kerngeschäft, der pädagogischen Führung der Schule, ab. Eine zentrale Forderung muss also sein, dass ab einer bestimmten Größe den Schulen Schulverwaltungsfachkräfte zur Seite gestellt werden müssen. In kleineren Schulen, für die eine eigene Schulverwaltungsfachkraft nicht denkbar ist, muss die Unterrichtsverpflichtung der Schulleitung zurückgefahren und die Leitungszeit deutlich erhöht werden.

3. Dienstvorgesetztenstatus

Nicht in allen Bundesländern haben Schulleiterinnen und Schulleiter den Dienstvorgesetztenstatus. In den meisten Bundesländern sind sie nur Vorgesetzte. Das ist im Vergleich zu anderen Ländern eine eigenartige Konstruktion. Historisch ist sie sicher aus der Betrauung einer Lehrkraft mit bestimmten Leitungsfunktionen erklärbar, erinnert also immer noch an den alten Ansatz des Schulleiters als »Primus inter Pares«, des »Ersten unter Gleichen«. Allerdings sind die beiden vorausgehenden Punkte, Professionalisierung und Einstellung von Schulverwaltungsfachkräften, auch substantiell als Voraussetzung für die überfällige Statusveränderung anzusehen.

4. Adäquate Bezahlung

Schulleitung ist ein hochkomplexer und äußerst fordernder Beruf. Dass ohne jeden Ausgleich regelmäßig über die Zeit gearbeitet wird, scheint selbstverständlich und unhinterfragt. Ganz zu schweigen von der Last der Verantwortung. Seit vielen Jahren ist ein Trend beobachtbar, dass die Zahl der Bewerberinnen und Bewerber auf ausgeschriebene Schulleitungsstellen rückläufig ist. Es wird immer schwieriger, ausreichend Kandidaten zu finden. Außer dem beruflichen Idealismus (der Hoffnung, etwas bewegen, gestalten zu können) gibt es auch kaum Anreize, diesen Beruf auszuüben. Die Differenz der Bezahlung zu einem Lehrergehalt fällt vergleichsweise gering aus und steht in keinem Verhältnis zu den Anforderungen – und sie wird der Bedeutung dieses Berufes, den er nachweislich für eine Schule hat, nicht gerecht.

Schulleiterinnen und Schulleiter sind also gut beraten, wenn sie quer durch die Republik standespolitisch diese vier Forderungen nachdrücklich auf die Agenda setzen. Die Forderung nach besserer Bezahlung ist kein egoistisches Argument, sondern ist unterm Strich und langfristig dazu geeignet, fähige Leute für diesen Beruf zu gewinnen. Ein eigener Schulleitungsstudiengang – ein Masterstudiengang Schulleitung – in Verbindung mit einer entsprechenden Bezahlung würde den Beruf von vornherein attraktiver und biografisch früher ansteuerbar machen. Es kommt darauf an, dass auch in der Praxis Abschied genommen wird von der tradierten Vorstellung der Lehrkraft mit Leitungsfunktionen. Die Professionalität muss den heutigen Anforderungen entsprechend ausgebaut und gestärkt werden.

Hilfreiches und Relevantes aus der Bildungsforschung

In diesem Abschnitt werden einige ausgewählte, insbesondere für Schulleiterinnen und Schulleiter praxisrelevante Erkenntnisse aus der empirischen Bildungsforschung dargestellt und Empfehlungen für vertiefende Literatur gegeben.

Was eine gute Schule kennzeichnet

Es gibt viel Literatur zur Schulqualität. Die folgenden Aspekte sind zusammenfassend jene, die sowohl aus theoretischer Perspektive zentral und größtenteils auch empirisch untermauert sind.

- ➔ Gute Schulen sind permanent selbstlernende Systeme.
- ➔ Gute Schulen initiieren Fortbildungen.
- ➔ Gute Schulen bereiten auf lebenslanges Lernen vor.
- ➔ Gute Schulen bieten guten Unterricht.
- ➔ Gute Schulen vermitteln Fähigkeiten zum Problemlösen.
- ➔ Gute Schulen schaffen Freiräume für individuelles Handeln.
- ➔ Gute Schulen vermitteln positive affektive und motivationale Einstellungen.
- ➔ Gute Schulen definieren klare Leistungsziele.
- ➔ Gute Schulen sind offen für wissenschaftliche Begleitung.
- ➔ Gute Schulen sind offen für fundierte Erkenntnisse.
- ➔ Gute Schulen vernetzen sich.
- ➔ Gute Schulen sind vom Fördergedanken geprägt.

Eine Reflexion dieser Punkte vor dem Hintergrund individueller Gegebenheiten kann hilfreich sein und Handlungsbedarf offenlegen. Sie könnten zum Beispiel im Rahmen der Qualitätsentwicklung im Gesamtlehrerkollegium diskutiert werden.

Viele Facetten von Schulqualität werden in den Büchern von Helmut Fend thematisiert – diese sind sicherlich als bedeutende »Standardwerke« zur Schulqualität zu bezeichnen (z. B. Fend 2006: Neue Theorie der Schule: Das Bildungswesen als institutioneller Akteur der Menschenbildung; 2008: Schule gestalten: Systemsteuerung, Schulentwicklung und Unterrichtsqualität). Praxisnahe Anregungen, die unter anderem für Schulleitungen Impulse setzen können, werden zum Beispiel von Johannes Baumann (2012) im Buch »Schule geht auch besser!« gegeben. Anregend für die Reflexion von Schulqualität kann auch eine bildungsökonomische Perspektive sein (z. B. Wößmann 2007: »Letzte Chance für gute Schulen. Die 12 großen Irrtümer und was wir wirklich ändern müssen«).

Qualitätsentwicklung an Schulen

Übergeordnetes Ziel einer jeden Schule ist die Qualitätsentwicklung, welche sich auf unterschiedliche Facetten beziehen kann (siehe Abschnitt 1). Qualitätsentwicklung ist aus psychologischer Perspektive ein Problemlöseprozess: ein nicht unmittelbares Gelingen der Überführung eines Soll-Zustandes (Status quo) in einen Zielzustand. Den folgenden Ablauf bei der Qualitätsentwicklung einzuhalten kann dem Prozess Strukturiertheit, Zielorientierung sowie Nachhaltigkeit verleihen.

1. Definition von Qualität
Die Definition von Qualität ist häufig der wichtigste Schritt, wobei eine Kontrastierung unterschiedlicher Sichtweisen und Praktiken konstruktive Dissonanzen als Anreize zur Innovation erzeugen kann. In diesem Prozess können Ziele festgelegt werden. Empfehlenswert ist es, hier auch auf entsprechende Literatur zu den thematisierten Facetten von Qualität zurückzugreifen (z. B. zur Unterrichtsqualität: Helmke 2012, 2014a, b).

2. Feststellung des Status quo
Neben subjektiven Einschätzungen kann hier auch mit wissenschaftlichen Einrichtungen (z. B. Universitäten, Pädagogische Hochschulen) kooperiert werden, zum Beispiel im Rahmen einer standardisierten Befragung der Schülerinnen und Schüler zu Facetten von Unterrichtsqualität an der Schule. Empfehlenswert ist eine Standortbestimmung vor dem Hintergrund von Referenzwerten (z. B. Ausprägungen an anderen Schulen).

3. Suche nach Lösungsmöglichkeiten
Hier geht es darum, Möglichkeiten zu finden, anhand derer man vom Status Quo zu den Zielen (z. B. adäquater Umgang mit Heterogenität) gelangen kann. Dies kann zu einem kreativen und inspirierenden Austausch führen, bei welchem man sich zunächst nicht von spezifischen Gegebenheiten (z. B. Zeitressourcen) begrenzen lassen sollte.

4. Wahl von Lösungsmöglichkeiten
Es können nun gemeinsam jene Umsetzungsmöglichkeiten ausgewählt werden, die vor dem Hintergrund der gegebenen Ressourcen (z. B. Zeit, Geld, Motivation) als realisierbar erscheinen.

5. Problemlösevorgang initiieren und aufrechterhalten
Nun kann mit der aktiven Umsetzung der Maßnahme anhand der gewählten Vorgehensweisen begonnen werden. Wichtig ist hierbei, dass der Umsetzungsprozess aufrechterhalten wird (z. B. im Rahmen eines regelmäßigen Austauschs zum bereits Erreichten).

6. Meta-Strategien initiieren
Entsprechend Modellen zur Selbstregulation (siehe unten) ist es nun zentral, Monitoring zu betreiben (das heißt den Prozess zu »überwachen«, zu beobachten) und gegebenenfalls Anpassungen vorzunehmen (z. B. das Vorgehen und/oder die Ziele zu adaptieren, falls nicht antizipierte Probleme auftreten sollten).

Emotionen in der Schule

Emotionen in der Schule wurde lange Zeit in der Forschung vernachlässigt. Erst seit ca. 15 Jahren beschäftigt sich die empirische Bildungsforschung vor allem im Kontext der pädagogischen Psychologie intensiver mit ihnen – insbesondere, weil Emotionen in mehrerlei Hinsicht relevant sind:

- Sie sind ein Aspekt subjektiven Wohlbefindens und des Klimas an der Schule.
- Die Qualität von Lernen und Leistung wird durch sie beeinflusst.
- Die Motivation hängt stark von ihnen ab.
- Die Kommunikationsqualität wird von ihnen geprägt.
- Sie spielen für Entscheidungen (z. B. Kurs-, Studien- und Berufswahl) eine bedeutende Rolle.
- Im Hinblick auf lebenslanges Lernen sind sie von zentraler Bedeutung.

Für Schulleiterinnen und Schulleiter ist es somit empfehlenswert, auf die systembezogenen Emotionen von Schülerinnen und Schülern, aber auch auf die von Lehrerinnen und Lehrern zu achten. **Empirische Studien zeigen, dass Langeweile die von Schülerinnen und Schülern am häufigsten berichtete Emotion an Schulen ist,** gefolgt von Freude und Ärger. Angst ist bei Schülerinnen und Schülern im Durchschnitt relativ schwach ausgeprägt, kann in spezifischen Situationen (z. B. Prüfungen) jedoch sehr intensiv und damit bedeutsam sein. Was die Lehrerinnen und Lehrer anbelangt, so ist Freude die mit Abstand am häufigsten und intensivsten erlebte Emotion, gefolgt von Ärger. Angst und Langeweile sind bei ihnen schwach ausgeprägt.

Frenzel und Stephens (2011) geben in ihrem Buchkapitel zum Thema Emotionen auf der Basis von Theorien und empirischen Befunden zahlreiche praktische Hinweise zur Förderung positiver und Reduzierung negativer Emotionen in der Schule. Im Folgenden sind ausgewählte Möglichkeiten genannt. Sicherlich sind viele dieser Aspekte nicht nur im Hinblick auf emotionsgünstigen Unterricht relevant.

Unterrichtsgestaltung

- klare Strukturierung des Unterrichts
- eindeutige Formulierung von Leistungsanforderungen
- klare Trennung zwischen »Lernzeiten« und »Prüfungszeiten« (z. B. Fehler als Lerngelegenheiten in den Lernzeiten)
- offen strukturierte Gestaltung von Lerngelegenheiten
- Kommunikation kontrollierbarer Ursachen von Erfolg und Misserfolg (z. B. Anstrengung und Strategieeinsatz)
- direkte Kommunikation der Bedeutsamkeit, Wichtigkeit und Attraktivität eines Lerngegenstandes
- authentische Aufgabenstellungen
- Angebot von Wahlmöglichkeiten
- Vermeidung sozialnormorientierter Leistungsrückmeldungen (z. B. »Du bist besser/schlechter als die meisten anderen in der Klasse«)

Anregungen für die Aufrechterhaltung der emotionalen Gesundheit von Lehrkräften

- sich realistische Ziele setzen und Ziele gegebenenfalls anpassen
- den Blick auf Positives richten und auch kleine Dinge als Erfolg betrachten
- sich vor dem Unterricht in eine positive Stimmung versetzen (z. B. an etwas Angenehmes denken)
- den positiven Emotionen Ausdruck verleihen (z. B. Humor, über Unvorhergesehenes lachen)
- negative Emotionen ernst nehmen und als Informationsquelle nutzen (z. B. als Anlass nehmen, es zu artikulieren, wenn etwas stört)
- über frustrierende Erlebnisse sprechen, um diese zu verarbeiten und Lösungen zu finden

Empirische Befunde zeigen, dass Lehreremotionen sich deutlich auf die Emotionen der Schülerinnen und Schüler auswirken (sogenannte »Emotionsansteckung«). Auch für Schulleiterinnen und Schulleiter ist anzunehmen, dass deren Emotionen das emotionale Erleben an ihrer Schule beeinflussen können. Insofern ist es für Schulleiterinnen und Schulleiter auch sehr ratsam, sich ihrer eigenen Emotionen und derer Wirkungen auf die Lehrerinnen und Lehrer und dadurch indirekt, aber auch direkt, auf die Schülerinnen und Schüler bewusst zu sein. Eine praxisnahe Einführung in das Thema findet sich auch bei Frenzel, Götz und Pekrun (2015; Buchkapitel »Emotionen«). Das Thema »Emotionen von Lehrkräften« wird unter anderem anschaulich dargestellt von Frenzel (2014; Buchkapitel »Teacher emotions«).

Burnout bei Lehrkräften

Empirische Studien zeigen, dass ca. ein Drittel der Lehrkräfte »ausgebrannt« sind, das heißt bedenklich hohe Werte bei Burnout-Indikatoren aufweisen (siehe zum Beispiel Barth 2010; Schaarschmidt 2008). Unter Burnout versteht man einen Zustand, der geprägt ist von emotionaler Erschöpfung, Depersonalisierung und reduzierter Leistungsfähigkeit (Maslach/Jackson 1981). Eine klare Abgrenzung von Burnout und (Erschöpfungs-)Depression ist häufig sehr schwierig. Burnout wird manchmal als »Modediagnose« bezeichnet – Burnout ist weniger negativ konnotiert als Depression. Anstelle von Burnout wird in der Literatur häufig auch von beruflicher Belastung gesprochen.

Wie immer man es auch bezeichnet, **die empirischen Befunde zeigen, dass Lehrkräfte sehr hohe berufliche Belastungen berichten.** Schulleiterinnen und Schulleiter sollten sich dessen bewusst sein und ein Augenmerk darauf haben, insbesondere auch auf die möglichen Ursachen sehr hoher Berufsbelastung. Zwei Gruppen von Ursachen lassen sich unterscheiden, die im Folgenden aufgeführt werden.

Individuelle Ursachen

- »Sinnkrise«
- permanente berufliche und private Überforderung durch überhöhtes Engagement in der Freizeit
- Traumatisierung in der Kindheit
- habituelle Angst/Schmerzen/ungelöste Beziehungskonflikte/Süchte (Alkohol, Drogen, Tabletten, Spiel, Sexualität, ...)/Ess-Störungen (Magersucht, Bulimie, ...)
- fehlende Krankheitsverarbeitung
- überhöhtes (und unrealistisches) individuelles Anspruchsniveau
- »Aufopferungsgedanke«

Berufsspezifische Faktoren

- mangelnde Wertschätzung durch Gesellschaft, Politik und Vorgesetzte
- Paradigmenwechsel: von der Prozessorientierung zur Ergebnis- und Leistungsorientierung
- »Moderne Leistungsgesellschaft« – Wert von Leistung nimmt zu und damit auch der Leistungsdruck
- ältere und jüngere Kolleginnen und Kollegen sprechen nicht mehr die gleiche Sprache, wodurch Teamspaltungen erleichtert werden
- zunehmende berufsbedingte zeitliche Festlegung auf Kosten der Familienfreundlichkeit
- knappe personelle Ressourcen an Schulen
- Lärm
- Erwartungen vonseiten der Schulleitung
- Erwartungen vonseiten der Eltern

Aus diesen beiden Gruppen von Ursachen ist ersichtlich, dass entsprechend der individuellen Ursachen unterschiedliche Lehrkräfte unterschiedlich »anfällig« für Burnout sind. Insbesondere bei den berufsspezifischen Faktoren können Schulleiterinnen und Schulleiter ansetzen – die genannten Aspekte können vor dem Hintergrund der spezifischen Gegebenheiten reflektiert werden und konkrete Handlungsmaßnahmen können folgen (z. B. Reduzierung von Lärm, angemessene Erwartungen, angemessenes Maß an Abend- und Wochenendterminen, Wertschätzung – Lob).

Interessante Möglichkeiten zur Reduktion von Belastungsfaktoren und zum Umgang mit beruflicher Belastung finden sich im online erhältlichen Manual für Lehrer-Coaching-Gruppen nach dem Freiburger Modell (Gesundheitsprophylaxe für Lehrkräfte). Für die Praxis hilfreich sind unter anderem die folgenden Beiträge: Barth (2010: »Burnout bei Lehrern«), Rothland (2007: »Belastung und Beanspruchung im Lehrerberuf«), Schaarschmidt (2010: »Gesundheitsförderung – eine wichtige Aufgabe der Lehrerfortbildung«), Schaarschmidt & Kieschke (2007: »Gerüstet für den Schulalltag. Psychologische Unterstützungsangebote für Lehrerinnen und Lehrer«).

Motivation

Motivation ist ein an Schulen sicherlich höchst relevantes Thema. In der empirischen Bildungsforschung wurde Motivation lange Zeit als »Mittel zum Zweck« betrachtet: Menschen sollten motiviert sein, damit sie hohe Leistungen erbringen. In den vergangenen zehn Jahren gab es zunehmend einen Paradigmenwechsel – Motivation wurde zunehmend als ein Wert an sich und damit als ein unabhängiges Bildungsziel »per se« betrachtet.

Die Motivationsforschung ist ein sehr breites Feld und es gibt viele unterschiedliche Konzeptualisierungen von Motivation (z. B. intrinsische vs. extrinsische Motivation) und zahlreiche theoretische Modelle zu ihrer Wirkung, Entstehung und Förderung (z. B. Rubikon-Modell der Handlungsphasen). Ein praxisbezogener, theoretisch fundierter und empirische Befunde aufgreifender Einstieg in dieses Thema findet sich zum Beispiel bei Dresel und Lämmle (2011) und bei Schiefele und Schaffner (2015). In dem Beitrag von Schiefele und Köller (2010) wird auf zwei zentrale Motivationsarten eingegangen, nämlich auf intrinsische und extrinsische Motivation. Praxisorientierte Hinweise zu Motivationstrainings und zur Motivierung finden sich bei Rheinberg und Fries (2010). Auf der Basis dieser oder anderer Literatur könnte eine Auseinandersetzung mit der Motivationsförderung an der Schule stattfinden – sowohl im Hinblick auf die Schülerinnen und Schüler als auch auf die Lehrerinnen und Lehrer.

Im Folgenden werden in Anlehnung an Dresel und Lämmle (2011) sowie an Schiefele (2004) einige zentrale Möglichkeiten der Motivationsförderung aufgeführt.

1. **Subjektive Bedeutsamkeit erhöhen**
   - Bedeutsamkeit des Lerngegenstands betonen
   - Lernaktivitäten begründen
   - eigenes Interesse am Lerngegenstand artikulieren
   - praktische Anwendungsmöglichkeiten und andere Alltagsbezüge herstellen
   - den emotionalen Gehalt des Lernstoffes erhöhen
   - den Lernstoff mit den Interessen der Schülerinnen und Schüler verbinden
   - die Stoffvermittlung abwechslungsreich gestalten
   - kognitive Konflikte induzieren (z. B. Widersprüche zum bisherigen Wissen)

2. **Autonomie fördern**
   - Mitbestimmung bei der Festlegung von Lernzielen, Lerngegenständen und Lernaktivitäten ermöglichen
   - Lernaktivitäten fördern, die Handlungsspielräume für selbstreguliertes Lernen erlauben
   - Möglichkeiten zur Selbstbewertung schaffen
   - Verhaltensregeln gemeinsam aushandeln

3. **Kompetenzerleben fördern**
   - häufig positives Feedback geben
   - klare, strukturierte und verständnisorientierte Instruktion
   - den Schwierigkeitsgrad an den individuellen Kenntnisstand anpassen
   - bei Schwierigkeiten unterstützen
   - Lernaktivitäten ermöglichen, bei denen unterschiedliche Kompetenzen eingebracht werden können (z. B. nicht nur Fachwissen)

4. **Soziale Eingebundenheit fördern**
   - Gruppenarbeitsmethoden einsetzen
   - ein partnerschaftliches Verhältnis zu den Schülerinnen und Schülern aufbauen (beinhaltet, dass den Lehrerinnen und Lehrern Lernfortschritte ihrer Schülerinnen und Schüler persönlich wichtig sind)

Was die Motivation der Lehrerinnen und Lehrer anbelangt, so ist dies erstaunlicherweise ein sehr junges Forschungsfeld – hier gibt es bedeutend weniger Theorien und empirische Erkenntnisse als bei der Motivation von Schülerinnen und Schülern. Sehr aktuell ist die Forschung zu den Zielorientierungen von Lehrkräften. Um Zielorientierungen von Lehrkräften identifizieren zu können, befragte Butler (2007) Lehrkräfte dazu, welche schulischen Erlebnisse einen Tag zu einem erfolgreichen Tag machen. Es zeigten sich vier Gruppen von Antworten, die entsprechende Zielorientierungen repräsentieren:

Zielorientierung	Bedeutung	Beispielaussagen
Lernzielorientierung	eigene Kompetenz erweitern	Das Unterrichten hat mich dazu motiviert, mich weiterzubilden. Fragen der Schülerinnen und Schüler haben mich zum Nachdenken angeregt.
Annäherungsleistungs-Zielorientierung	Kompetenz demonstrieren	Meine Klasse hat besser abgeschnitten als die anderen Klassen. Mein Schulleiter hat mir mitgeteilt, ich sei einer der besten Lehrer an der Schule.
Vermeidungsleistungs-Zielorientierung	keine Defizite bezüglich der eigenen Kompetenz zeigen	Meine Schülerinnen und Schüler schnitten nicht am schlechtesten bei der Vergleichsarbeit ab. Mein Schulleiter signalisierte mir nicht, ich hätte geringe Kompetenzen.
Arbeitsvermeidungs-Zielorientierung	möglichst wenig Aufwand betreiben	Ich kam ohne harte Arbeit gut durch den Tag. Ein paar Stunden fielen aus.

Empirische Befunde deuten darauf hin, dass diese unterschiedlichen Zielorientierungen von Lehrkräften in spezifischer Weise mit deren Erleben und Verhalten zusammenhängen. Lernzielorientierung scheint sehr günstig für die (Weiter-)Entwicklung professioneller Kompetenzen zu sein, Vermeidungsleistungs-Zielorientierung hingegen stellt einen Risikofaktor für eine ungünstige Kompetenzentwicklung im Berufsleben dar. Detailliertere Ausführungen zur Motivation von Lehrerinnen und Lehrern finden sich zum Beispiel bei Dresel und Lämmle (2011). Schulleiterinnen und Schulleiter können zum Beispiel Impulse zu einer Reflexion unterschiedlicher Motivationsarten bei den Lehrerinnen und Lehrern an ihrer Schule setzen.

Selbstreguliertes Lernen

Selbstreguliertes Lernen umfasst die Fähigkeiten, sich eigenständig Ziele zu setzen, Strategien zur Zielerreichung auszuwählen und das Lernverhalten zu reflektieren und gegebenenfalls anzupassen (siehe Götz/Nett 2011). Empirische Befunde zeigen deutliche Effekte einer Förderung selbstregulierten Lernens auf die Lernqualität und die

Leistungsergebnisse. **Selbstreguliertes Lernen ist gerade vor dem Hintergrund von Individualisierung und einem adäquaten Umgang mit Heterogenität von großer Bedeutung. Oft werden an Schulen Freiräume für individuelles Handeln geschaffen, ohne die Schülerinnen und Schüler adäquat auf eigenständiges und eigenverantwortliches Handeln vorzubereiten.** Empirische Befunde zeigen, dass gerade leistungsschwächere Schülerinnen und Schüler sich beim eigenständigen Lernen häufig überfordert fühlen und Angst erleben. Folglich wäre es wichtig, dass Lehrerinnen und Lehrer nicht nur Lernumgebungen für individuelles und eigenständiges Lernen schaffen, sondern ihre Schülerinnen und Schüler auch auf das Arbeiten in solchen Lernumgebungen vorbereiten, das heißt unter anderem deren Selbstregulationskompetenz fördern. Für Schulleiterinnen und Schulleiter ist die Förderung selbstregulierten Lernens auf drei Ebenen von Bedeutung: in Bezug auf die (a) eigenen Fähigkeiten zur Selbstregulation, (b) jene der Lehrkräfte und (c) jene der Schülerinnen und Schüler. Hierbei ist zu betonen, dass die Förderung der Selbstregulationskompetenz von Schulleitungen und Lehrkräften nicht nur bezüglich der Weitergabe dieser Kompetenzen von hoher Relevanz ist, sondern Fähigkeiten zur Selbstregulation auch das eigene Arbeiten maßgeblich verbessern können, unter anderem vor dem Hintergrund der in der Regel hohen Arbeitsbelastung an Schulen.

Selbstreguliertes Lernen an der Schule zu fördern ist sicherlich ein längerfristiges Unterfangen. Es sollte im Idealfall auf der Basis eines theoretischen Modells zum selbstregulierten Lernen (z. B. Dreischichtenmodell; siehe Götz/Nett 2011) und eines Fördermodells erfolgen – und es sollte wie jede Maßnahme den Qualitätsentwicklungsprozess durchlaufen (für konkrete Umsetzungsmöglichkeiten siehe zum Beispiel Götz/Nett 2011 sowie Götz 2006). Da selbstreguliertes Lernen ein ganzes Bündel an Kompetenzen umfasst, scheinen manche Schulen Bedenken zu haben, sich an die Förderung eines derart großen Bereichs zu wagen – auch aus Ressourcengründen. Entscheidend ist hierbei, vor dem Hintergrund eines Gesamtkonzepts Teilaspekte selbstregulierten Lernens zu fördern. Ein Beispiel hierzu wäre die Förderung der Reflexion von Lern- und anderen Arbeitsprozessen – eine zentrale Komponente fast aller Modelle zum selbstregulierten Lernen. So könnten beispielsweise Schülerinnen und Schüler ermutigt werden, nach dem Erledigen von Hausaufgaben kurz ihr Arbeitsverhalten zu reflektieren (für ein diesbezügliches kurzes Lerntagebuch siehe zum Beispiel Götz 2006). Aspekte könnten hierbei der Lernort (Ruhe, Ungestörtheit), die Konzentration, die Emotionen beim Lernen (z. B. Freude, Stolz, Langeweile, Angst, Ärger), die Zielsetzungen und deren Erreichung, die Effektivität des Arbeitens und die Anwendung von Lernstrategien (z. B. Art und Weise des Vokabellernens) sein. Der Reflexion könnten dann Ideen folgen, was beim nächsten Erledigen der Hausaufgaben anders gemacht werden könnte (z. B. an einem ungestörteren Ort lernen; Pausen machen, um konzentrierter arbeiten zu können; Ziele nicht zu hoch oder niedrig setzen). Auch bei den Lehrerinnen und Lehrern könnten solche Reflexionsphasen angeregt werden – zum Beispiel eine sehr kurze Reflexion nach jeder Unterrichtsstunde (Was ist gut gelaufen? Was ist weniger gut gelaufen? Was mache ich beim nächsten Mal anders?). Und auch für Schulleiterinnen und Schulleiter ist es wichtig, regelmäßig ihr Handeln zu reflektieren. Insgesamt könnte zum Beispiel »Reflexion« für ein paar Monate Thema an der Schule sein, das immer wieder aufgegriffen wird und zu dem man sich regelmäßig austauscht (innerhalb der Gruppen Schulleitung, Lehrerinnen und Lehrer, Schülerinnen und Schüler, aber auch über die Gruppen hinweg). Später könnte ein anderes Thema im Vordergrund stehen, wie beispielsweise die Planung von Lernprozessen. Gerade bei der Förderung umfassender Konzepte ist die »Politik der kleinen Schritte« überaus empfehlenswert.

Praxisbezogene Hinweise zur Förderung selbstregulierten Lernens finden sich zum Beispiel auch bei Brunstein und Spörer (2010) sowie bei Landmann et al. (2015) – dieser letztgenannte Beitrag gibt einen kurzen Überblick zum Thema und kann gerade für den Einstieg sehr hilfreich sein.

Unterrichtsqualität

Unterrichten ist zweifelsohne das »Kerngeschäft« von Schulen und damit ein zentraler Qualitätsfaktor, auf welchen die Schulleitung ein permanentes Augenmerk haben sollte. Erstaunlicherweise gibt es erst seit den 1990er-Jahren fundierte empirische Befunde zu grundlegenden Qualitätsmerkmalen des Unterrichts – Überlegungen hierzu gab es schon immer, allerdings noch bis in die 1980er-Jahre hinein als größtenteils unsystematische und willkürlich erscheinende Aufzählungen diverser Facetten. Auf der Basis empirischer Befunde etablierten sich Rahmenmodelle zur Unterrichtsqualität. Ein diesbezüglich sehr prominentes Modell stellt das Angebot-Nutzungs-Modell von Helmke (2014a, b) dar: Unterricht (Qualität der Unterrichtsprozesse, Qualität des Lehr-Lernmaterials, Unterrichtszeiten – Lerngelegenheiten) wird hier als Angebot gesehen, welches günstigenfalls zu Lernaktivitäten (Nutzung des Angebots; aktive Lernzeit im Unterricht, außerschulische Aktivitäten) und schließlich zu Erträgen (fachliche und fachübergreifende Kompetenzen, erzieherische Wirkungen der Schule) führt. Helmke betont, dass hierbei eine gute Balance zwischen der Prozessorientierung (Qualität beobachtbarer Prozesse im Unterricht) und der Wirkungsorientierung (Qualität als die Erreichung zentraler Bildungsziele) anzustreben ist. Bildungspolitische Maßnahmen konzentrieren sich häufig auf Outputs, das heißt sie sind oft stark wirkungsorientiert. Für Schulen ist es jedoch wichtig, vor allem die Prozesse zu optimieren, die ja letztlich zu den Wirkungen im Sinne des Angebot-Nutzungs-Modells führen.

In Helmkes Angebot-Nutzungs-Modell sind wichtige Kompetenzbereiche von Lehrpersonen aufgeführt, die den Unterricht (Angebot) prägen: a) Professionswissen, b) fachliche, didaktische, diagnostische und Klassenführungskompetenz, c) pädagogische Orientierungen, d) Erwartungen und Ziele und e) Engagement, Geduld und Humor. In dem Modell sind noch weitere Faktoren aufgeführt, die für die Prozesse und die Wirkungen von Bedeutung sind: a) die familiäre Situation der Schülerinnen und Schüler (strukturelle Merkmale, wie Schicht, Sprache, Kultur, Bildungsnähe; Prozessmerkmale der Erziehung und Sozialisation), b) Lernpotenziale der Schülerinnen und Schüler (Vorkenntnisse, Sprache, Intelligenz, Lern- und Gedächtnisstrategien, Lernmotivation, Anstrengungsbereitschaft, Ausdauer, Selbstvertrauen), c) der Kontext (kulturelle Rahmenbedingungen, regionaler Kontext, Schulform, Bildungsgang, Klassenzusammensetzung, didaktischer Kontext, Schulklima, Klassenklima). Eine genauere Beschreibung des Modells findet sich bei Helmke 2014a und b (S. 71). Eine kurze, für den Einstieg sehr geeignete Beschreibung findet sich zum Beispiel bei Helmke 2010.

Für die Qualitätsentwicklung an Schulen, insbesondere für die Verbesserung von Unterrichtsqualität kann dieses Modell eine hervorragende Grundlage bilden. Beispielsweise kann sich ein Kollegium eigenständig Gedanken zur Unterrichtsqualität machen und das Resultat dieser Überlegungen dann mit den in Helmkes Modell dargestellten Aspekten vergleichen/kontrastieren. Es können Schritt für Schritt einzelne, im Modell dargestellte Facetten an der Schule gefördert werden. Für Schulleitungen sind die dargestellten Kompetenzen der Lehrperson von besonderer Bedeutung – hier können Schulleitungen zum Beispiel Impulse für Weiterbildungen (individuell oder das gesamte Kollegium) initiieren – zum Beispiel bezüglich der diagnostischen und didaktischen Kompetenz. Von Kurt Lewin (1890–1947) stammt der Satz »Es gibt nichts Praktischeres als eine gute Theorie« – dies gilt sicher auch im Hinblick auf die Schulentwicklung. Häufig werden Schulentwicklungsmaßnahmen ohne Bezug auf vorhandene Theorien und empirische Befunde durchgeführt – damit bleiben sie häufig weit unter ihren Möglichkeiten. Den Satz von Lewin könnte man derart ergänzen, dass es nichts Praktischeres als eine Theorie gibt, die in großen Teilen von empirischen Befunden untermauert ist – und dies ist zweifelsohne bei Helmkes Angebot-Nutzungs-Modell der Fall. Viele praktische und empirisch fundierte Hinweise zur Planung und Gestaltung von Unterricht werden unter anderem auch in dem Buch von Felten und Stern (2012) »Lernwirksam unterrichten. Im Schulalltag von der Lernforschung profitieren« gegeben. Speziell für den Umgang mit Heterogenität, ein Thema, das derzeit fast alle Schulen intensiv beschäftigt, ist unter anderem das Buch von Streber (2015) sehr empfehlenswert. Ein praxisorientierter Überblick zum Thema Lerngelegenheiten im Unterricht findet sich zum Beispiel bei Seidel und Reiss (2014) und bei Lipowsky (2015).

Schulnoten

Seit es Schulnoten gibt, werden diese kritisiert – und dies zum Teil durchaus berechtigt. Für Schulleiterinnen und Schulleiter ist es wichtig, sich der Problematik von Schulnoten bewusst zu sein – hier ein paar zentrale Aspekte und was hierbei zu beachten ist.

Das Noten-Niveau

Die Festlegung des Noten-Niveaus ist weitgehend willkürlich – und dies gilt über einzelne Fächer, Lehrkräfte, Schulen, Bundesländer und Länder hinweg. Die Fächer unterschieden sich zum Teil gravierend in den Noten-Niveaus; in Sport werden in der Regel die besten Noten vergeben, in Deutsch, den Fremdsprachen und Mathematik häufig die schlechtesten. Inhaltlich begründet ist dies nicht. Es gibt Lehrkräfte, die dafür bekannt sind, streng oder milde zu bewerten – Schülerinnen und Schülern muss und darf dies willkürlich erscheinen. Schulen unterscheiden sich in ihren Notendurchschnitten – bei gleichen Leistungen kann man je nach Schule unterschiedliche Noten bekommen – auch dies ist weitgehend willkürlich. Die Abiturnoten unterscheiden sich zwischen den Bundesländern zum Teil sehr stark (z.B. im Jahr 2013: 2.17 in Thüringen, 2.61 in Niedersachsen) – auch hier gilt: Bei gleicher Leistung kann man je nach Bundesland unterschiedliche Noten bekommen. Generell wurden die Leistungen von Abiturienten über die meisten Bundesländer hinweg in den vergangenen Jahren durchschnittlich immer besser bewertet. Warum? Im Laufe der Grundschule verschlechtern sich die Noten und beim Übergang auf das Gymnasium gibt es einen Notenknick – beides ist auch als eher willkürlich zu bezeichnen.

Für Schulleiterinnen und Schulleiter ist es empfehlenswert, das Noten-Niveau an der eigenen Schule stets im Blick zu haben und möglichst viele Informationen einzuholen, wie das Noten-Niveau über die Lehrkräfte hinweg schwankt und wie es im Vergleich zu anderen Schulen einzuschätzen ist. Bei einer diesbezüglichen Bewertung ist sicherlich die spezifische Klientel der Schülerinnen und Schüler zu berücksichtigen. Vergleichsarbeiten sind hier extrem hilfreich. Die Lehrkräfte könnten dazu motiviert werden, sich bei der Erstellung von Klassenarbeiten abzusprechen und zum Teil identische Arbeiten in von unterschiedlichen Lehrkräften unterrichteten Klassen zu stellen. Vergleiche können zu mehr Gerechtigkeit bei der Notengebung führen – und dies könnte auch regelmäßig im Lehrerkollegium thematisiert werden.

Mittelwerte und Verteilungen

Mittelwerte sind weitverbreitete statistische Kennwerte – so werden zum Beispiel die Notenmittelwerte von Klassen, Schulen und Bundesländern häufig verglichen. Sehr wichtig, jedoch weitgehend unberücksichtigt, bleiben die Streuungen der Werte. So können zum Beispiel zwei Klassen denselben Notenmittelwert von 3.00 haben – bei der einen Klasse kann dieser Wert dadurch zustande kommen, dass alle Schülerinnen und Schüler die Note 3 erhalten haben, bei der anderen Klasse könnte der Mittelwert dadurch entstanden sein, dass 50 Prozent der Schülerinnen und Schüler die Note 2, die anderen 50 Prozent die Note 4 erhalten haben. Dieser Unterschied ist zum Beispiel sehr wichtig im Hinblick auf die Einschätzung des Ausmaßes an Leistungsheterogenität in der Klasse und im Hinblick auf einen Unterricht, der gegebenenfalls polarisiert.

Die Streuung der Mittelwerte kann sehr einfach durch die Standardabweichung berechnet werden – zum Beispiel mit dem Programm Excel. Die Standardabweichung ist – etwas vereinfacht ausgedrückt – der Wert für die durchschnittliche Abweichung der einzelnen Werte vom Mittelwert. Schulleiterinnen und Schulleiter könnten unter anderem im Hinblick auf den Umgang mit Leistungsheterogenität anregen, zusätzlich zu den Mittelwerten auch die Standardabweichungen zu berechnen und sie zu berücksichtigen – und eventuell, je nach Jahrgangsstufe, sie auch den Schülerinnen und Schülern mitzuteilen. Ein schöner Nebeneffekt wäre, dass das Bewusstsein der Schülerinnen und Schüler für die Streuung von Werten und deren Bedeutung anhand eines praxisrelevanten Beispiels geschärft werden würde.

Korrelationen der Noten untereinander

Alle Schulnoten korrelieren über die Fächer hinweg positiv miteinander – eine Ausnahme bilden Sport (Nullkorrelationen) und eventuell sehr spezifische Fächer an einzelnen Schulen. Das bedeutet, dass **Schülerinnen und Schüler, die in einem Fach eine gute bzw. schlechte Note haben, auch in einem anderen Fach tendenziell eine gute bzw. schlechte Note haben.** Dies gilt zum Beispiel auch für Mathematik und Deutsch. Trotz dieses seit Jahrzehnten bekannten empirischen Befunds denken viele Lehrerinnen und Lehrer (auch Lehramtsstudierende), dass man entweder in Mathematik oder in Deutsch eine gute Note hat; das heißt, es wird eine negative Korrelation angenommen. Diese Fehlüberzeugung kann gravierende Folgen haben. Wenn ein Mathematiklehrer zum Beispiel dieser Überzeugung ist und weiß, dass ein Schüler sehr gut in Deutsch ist, dann denkt er sehr wahrscheinlich, dass dieser Schüler schlecht in Mathematik sein wird. Das heißt dieser Lehrer könnte dem Schüler mit einer falschen Vorannahme begegnen und sein Verhalten gegenüber dem Schüler könnte derart sein, dass dessen Potenzial nicht optimal genutzt wird.

Schulleiter könnten diese sehr weitverbreiteten Fehlvorstellungen thematisieren. Empirisch könnte man das dem Lehrerkollegium sehr einfach veranschaulichen, indem man einfach die Korrelationen der Noten der Schülerinnen und Schüler über die Fächer berechnet (z.B. für eine Auswahl an Schülerinnen und Schüler, für eine Jahrgangsstufe). Solche Korrelationen lassen sich zum Beispiel mit Excel berechnen oder mit jedem Statistikprogramm.

Bezugsnormen

Eine Bewertung erfolgt immer unter Bezugnahme auf eine Norm. Das heißt, ob man »gut« oder »schlecht« ist, hängt immer davon ab, wie Gut und Schlecht festgelegt wurde. Man unterscheidet drei Bezugsnormen: bei der a) sachlichen Bezugsnorm werden Leistungsstandards unabhängig von den bisherigen eigenen Leistungen und auch unabhängig von den Leistungen anderer festgelegt. Eine sachliche Bezugsnormorientierung wäre zum Beispiel, wenn man bei einer Klassenarbeit schon vor deren Auswertung den Notenschlüssel festlegt. Bei der b) individuellen Bezugsnorm wird die erbrachte Leistung mit den bisherigen individuellen Leistungen verglichen. Hier wäre man zum Beispiel gut, wenn die aktuelle Leistung sich gegenüber den bisherigen Leistungen verbessert hat. Bei der c) sozialen Bezugsnorm wird das Leistungsniveau der Gruppe bei der Bewertung der individuellen Leistung herangezogen. Hier wäre es zum Beispiel eine gute Leistung, wenn man (deutlich) besser als der Durchschnitt (in der Regel Klassendurchschnitt) ist.

Als Schulleiter könnte man die Bezugsnormen im Lehrerkollegium thematisieren und die jeweiligen Vor- und Nachteile diskutieren. Bereits das Bewusstsein für die Existenz unterschiedlicher Bezugsnormen kann positive Effekte haben. So ist es zum Beispiel wichtig, Schülerinnen und Schüler bei individuellen positiven Weiterentwicklungen (individuelle Bezugsnorm) zu loben, selbst wenn die Leistung bei sachlicher und individueller Bezugsnorm nicht als gut zu bezeichnen wäre. Wichtig ist es auch, das Bewusstsein dafür zu schärfen, dass soziale Bezugsnormen die Schülerinnen und Schüler einer Klasse in eine Leistungsreihe bringen – von den sehr guten bis hin zu den sehr schlechten. Entwickeln sich nun alle Schülerinnen und Schüler zum Beispiel gleichmäßig sehr positiv, dann bleibt diese Rangreihe erhalten, das heißt alle erhalten wieder dieselben Noten, obwohl alle einen großen Leistungssprung gemacht haben. Die Schülerinnen und Schüler einer anderen Klasse, die zum Beispiel keine Leistungsfortschritte gemacht haben, würden dieselben Noten erhalten – was sicherlich ungerecht wäre (leider jedoch oft in der Praxis vorkommt). Da Notengebung eine der Kernaufgaben von Lehrerinnen und Lehrern ist und Noten in vielerlei Hinsicht für die Schülerinnen und Schüler, aber auch für die Lehrerinnen und Lehrer und die Schulleitung von sehr hoher Bedeutung sind, ist es wichtig, darüber vor dem Hintergrund unterschiedlicher Bezugsnormorientierungen im Austausch zu bleiben.

»Fallen« und Hilfen bei der Notengebung

Bei der Notengebung gilt es, potenzielle Faktoren zu berücksichtigen, die zu Verzerrungen führen können, wie beispielsweise

- Beobachtungsmängel (selektive Wahrnehmung)
- Erinnerungsfehler (z. B. stärkere Gewichtung der Leistung zu Beginn und am Ende der Prüfung)
- Urteilstendenzen (Neigung zur Milde/Strenge), Attribuierungsfehler (das heißt Leistung fälschlicher Weise auf bestimmte Ursachen zurückzuführen, zum Beispiel Faulheit, Krankheit, Begabung)
- Kontrasteffekte (z. B. Prüfung eines Schülers mittlerer Leistung nach der Prüfung eines herausragend guten Schülers)

- Einstellungs- und Erwartungseffekte (z. B. das Stellen unterschiedlicher Fragen, je nach Leistungserwartung)
- Verwendung unterschiedlicher Bezugsnormen bei unterschiedlichen Schülerinnen und Schülern (z. B. bei mündlichen Prüfungen)
- Sympathie/Antipathie und die aktuelle Befindlichkeit

Auch zu diesem Thema könnte ein Austausch im Kollegium initiiert werden.

Für die Gestaltung mündlicher Prüfungen können die folgenden Aspekte hilfreich sein:

- Förderung positiver Momente (z. B. Ermutigung)
- hohe Transparenz der Anforderungen und Festlegung der Lernziele im Vorfeld
- Festlegung eines Kriterienkatalogs (Welche Leistungen werden wie bewertet?)
- Klarheit und Verständlichkeit der Prüfungsfragen
- Trennung von Leistungsfeststellung und Leistungsbewertung während der Prüfung

Einführungen in das relativ weite Thema der Notengebung finden sich zum Beispiel bei Jäger (2008) und Tent und Birkel (2010).

Nachwort

Wir möchten uns bei all jenen bedanken, die uns wertvolle Rückmeldung gegeben und Überarbeitungsvorschläge gemacht haben, insbesondere bei den Schulleiterinnen und Schulleitern des »Kooperationsnetzwerks Partnerschulen« der Universität Konstanz.

Ist nun alles gesagt? – Sicher nicht. Zu vielfältig, zu dynamisch in seiner Entwicklung ist das Berufsbild des Schulleiters. Über Kritik, Verbesserungsvorschläge und Anregungen jeder Art würden wir uns freuen – schreiben Sie uns einfach (jo.baumann@gmx.de oder thomas.goetz@uni-konstanz.de).

Vielleicht fördert dieses kleine Buch auch den Austausch zwischen Schulleiterinnen und Schulleitern bzw. den Austausch innerhalb und zwischen Leitungsteams an Schulen, was höchst erfreulich wäre – und vielleicht entwickeln sich auch Internet-Plattformen im Hinblick auf eine Kommunikation zu Schulleitungsfragen. Ein permanenter Austausch ist von höchster Bedeutung, da sich Schulen dauernd verändern und weiterentwickeln. Schulleitungen stehen stets vor neuen, manchmal schwierigen, doch fast immer auch sehr spannenden Herausforderungen. So schließen wir mit einem berühmten Satz von Heraklit, der ermutigen kann, Veränderungen nicht als Last, sondern vielmehr als stets gegebene Möglichkeiten der Weiterentwicklung zu sehen: »Veränderung ist das einzig Konstante im Leben.«

Literatur

Barth, A. R. (2010). Burnout bei Lehrern. In D. H. Rost (Hrsg.), *Handwörterbuch Pädagogische Psychologie*, S. 83–89. Weinheim: Beltz.
Baumann, G. & Baumann, J. (2012). Die Bedeutung des Personalauswahlverfahrens. In J. Beichel (Hrsg.), *Idee Gemeinschaftsschule* (S. 161–185). Baltmannsweiler: Schneider.
Baumann, J. (2012). *Schule geht auch besser*. Baltmannsweiler: Schneider.
Baumann, J. (2014). Wozu ist die Schule da? In *Lehren und Lernen, 3-2014*, S. 4–13, Villingen: Neckar-Verlag.
Baumann, J. et al. (2015). Das vernachlässigte Lernen, Was Schulen tun können, um Schülerinnen und Schüler ganzheitlich zu fördern, *Lehren und Lernen 2-2015*, Villingen: Neckar-Verlag.
Brunstein, J. C. & Spörer, N. (2010). Selbstgesteuertes Lernen. In D. H. Rost (Hrsg.), *Handwörterbuch Pädagogische Psychologie*, S. 751–759. Weinheim: Beltz.
Butler, R. (2007). Teachers' achievement goal orientations and associations with teachers' helpseeking: Examination of a novel approach to teacher motivation. *Journal of Educational Psychology, 99*(2), 241–252.
Dresel, M. & Lämmle, L. (2011). Motivation. In T. Götz (Hrsg.), *Emotion, Motivation und Selbstreguliertes Lernen*, S. 79–142. Stuttgart: UTB
Felten, M. & Stern, E. (2012). *Lernwirksam unterrichten*. Berlin: Cornelsen.
Fend, H. (2006). *Neue Theorie der Schule. Das Bildungswesen als institutioneller Akteur der Menschenbildung*. Lehrbuch. Wiesbaden: Verlag für Sozialwissenschaften.
Fend, H. (2008). *Schule gestalten. Systemsteuerung, Schulentwicklung und Unterrichtsqualität*. Wiesbaden: Verlag für Sozialwissenschaften.
Frenzel, A. & Stephens, E. J. (2011). Emotionen. In T. Götz (Hrsg.), *Emotion, Motivation und selbstreguliertes Lernen* (S. 16–77). Paderborn: Schöningh.
Frenzel, A. C. (2014). Teacher emotions. In E. A. Linnenbrink-Garcia & R. Pekrun (Eds.), International *Handbook of Emotions in Education* (pp. 494–519). New York: Routledge.
Frenzel, A. C., Goetz, T. & Pekrun, R. (2015). Emotionen. In E. Wild & J. Möller (Hrsg.), *Lehrbuch Pädagogische Psychologie* (pp. 201–224). Heidelberg: Springer.
Götz, T. & Baumann, J. (2015): Langeweile in der Schule? In: Lehren und Lernen 1-2015, Villingen-Schwenningen: Neckar-Verlag.
Götz, T. & Nett, U. (2011). Selbstreguliertes Lernen. In T. Götz (Hrsg.), *Emotion, Motivation und Selbstreguliertes Lernen*, S. 144–183. Stuttgart: UTB.
Götz, T. (2006). *Selbstreguliertes Lernen. Förderung metakognitiver Kompetenzen im Unterricht der Sekundarstufe*. Donauwörth: Auer. [e-book]
Hattie, J. (2014). *Lernen sichtbar machen für Lehrpersonen*, Baltmannsweiler: Schneider.
Helmke, A. (2010). Unterrichtsqualität. In D. H. Rost (Hrsg.), *Handwörterbuch Pädagogische Psychologie*, S. 886–895. Weinheim: Beltz.
Helmke, A. (2012). *Unterrichtsqualität und Lehrerprofessionalität* [4. Auflage; hieraus: Kapitel 3.7: Professionsstandards, S. 141–167]. Kallmeyer: Klett.
Helmke, A. (2014a). Forschung zur Lernwirksamkeit des Lehrerhandelns. In E. Terhart, H. Bennewitz & M. Rothland (Hrsg.), *Handbuch der Forschung zum Lehrerberuf* (2. Auflage). Münster: Waxmann.
Helmke, A. (2014b). *Unterrichtsqualität und Lehrerprofessionalität. Diagnose, Evaluation und Verbesserung des Unterrichts* (5. Auflage). Seelze: Klett-Kallmeyer.
Hoegg, G. (2011). *SchulRecht! für schulische Führungskräfte*. Weinheim: Beltz.

Humboldt, W. (1792). *Ideen zu einem Versuch, die Gränzen der Wirksamkeit des Staats zu bestimmen*, in: Wilhelm von Humboldt, Das große Lesebuch, Trabant, J. Hrsg.) Frankfurt: Ficher 2010.
Humboldt, W. (1810). *Der königsberger und der litauische Schulplan*, in: Wilhelm von Humboldt, Das große Lesebuch, Trabant, J. Hrsg.) Frankfurt: Fischer 2010.
Jäger, R. S. (2008). Leistungsbeurteilungen. In W. Schneider & M. Hasselhorn, *Handbuch der Pädagogischen Psychologie*, S. 324–336. Göttingen: Hogrefe.
Landmann, M., Perels, F., Otto, B., Schick-Vollmer, K. & Schmitz, B. (2015). Selbstregulation und selbstreguliertes Lernen. In E. Wild & J. Möller (2015). *Pädagogische Psychologie*, S. 45–65. Heidelberg: Springer.
Lipowsky, F. (2015). Unterricht. In E. Wild & J. Möller (2015). *Pädagogische Psychologie*, S. 69–105. Heidelberg: Springer.
Luhmann, N. (2004): *Schriften zur Pädagogik*, Frankfurt: Suhrkamp.
Maslach, C. & Jackson, S. E. (1981). The Measurement of Experienced Burnout. *Journal of Occupational Behavior, 2*, 99–113.
Müller, A. (2007): *Wenn nicht ich, ...? Und weitere unbequeme Fragen zum Lernen in Schule und Beruf*, Bern: h.e.p.
Nida-Rümelin, J. (2013). *Philosophie einer humanen Bildung*, Hamburg: edition Körber-Stiftung.
Rheinberg, F. & Fries, S. (2010). Motivationstraining und Motivierung. In D. H. Rost (Hrsg.), *Handwörterbuch Pädagogische Psychologie*, S. 577–583. Weinheim: Beltz.
Roth, G. (2011): *Bildung braucht Persönlichkeit*, Stuttgart: Klett-Cotta.
Rothland, M. (2007). *Belastung und Beanspruchung im Lehrerberuf. Modelle, Befunde, Interventionen.* Wiesbaden: VS Verlag für Sozialwissenschaften.
Schaarschmidt, U. & Kieschke, U. (Hrsg.) (2007). *Gerüstet für den Schulalltag. Psychologische Unterstützungsangebote für Lehrerinnen und Lehrer*. Weinheim und Basel: Beltz.
Schaarschmidt, U. (2008). Burnout im Lehrerberuf. In W. Schneider & M. Hasselhorn, *Handbuch der Pädagogischen Psychologie*, S. 197–209. Göttingen: Hogrefe.
Schaarschmidt, U. (2010). Gesundheitsförderung – eine wichtige Aufgabe der Lehrerfortbildung. In F. H. Müller, A. Eichenberger, M. Lüders & J. Mayr (Hrsg.), *Lehrerinnen und Lehrer lernen. Konzepte und Befunde zur Lehrerfortbildung* (S. 297–307). Münster: Waxmann.
Schiefele, U. & Köller, O. (2010). Intrinsische und extrinsische Motivation. In D. H. Rost (Hrsg.), *Handwörterbuch Pädagogische Psychologie*, S. 336–344. Weinheim: Beltz.
Schiefele, U. (2004). Förderung von Interessen. In G. W. Lauth, M. Grünke & J. C. Brunstein (Hrsg.), *Interventionen bei Lernstörungen. Förderung, Training und Therapie in der Praxis* (S. 134–144). Göttingen: Hogrefe.
Schiefele, U. & Schaffner, E. (2015). Motivation. In E. Wild & J. Möller (2015). *Pädagogische Psychologie*, S. 153–175. Heidelberg: Springer.
Seidel, T. & Reiss, K. (2014). Lerngelegenheiten im Unterricht. In T. Seidel & A. Krapp (Hrsg.), *Pädagogische Psychologie*, S. 253–275.
Stein, M. (2014): *Direkte und indirekte Werteerziehung als Teilbereich systemischer Schulentwicklung*, in: Arnold, R. & Prescher, T.: Schulentwicklung systemisch gestalten, Köln: Carl Link.
Stöffler, F. & Förtsch, M. (Hrsg.) 2014: *Abitur im eigenen Takt, Die flexible Oberstufe zwischen G8 und G9*, Weinheim: Beltz.
Streber, D.(2015): *Umgang mit Heterogenität*. Berlin: Cornelsen Scriptor.
Tent, L. & Birkel, P. (2010). Zensuren. In D. H. Rost (Hrsg.), *Handwörterbuch Pädagogische Psychologie*, S. 949–958. Weinheim: Beltz.
Trabant, J. (2010, Hrsg.). *Wilhelm von Humboldt. Das große Lesebuch*. Frankfurt: Fischer Klassik.
Wößmann, L. (2007) *Letzte Chance für gute Schulen. Die 12 großen Irrtümer und was wir wirklich ändern müssen*. München: Zabert-Sandmann.